京都発 NPO 最善戦

non profit organization

―共生と包摂の社会へ―

目次

はじめに

第Ⅰ部　京都新聞連載●市民活動のススメ

基礎編

1　NPOって何だろう？　平尾剛之……14
2　「協働」って漢字間違い？　平尾剛之……16
3　NPOとNPO法人って違うの？　内田香奈……19
4　非営利ってどういう意味ですか？　平尾剛之……21
5　NPOってボランティアですか？　内田香奈……23
6　ソーシャル・ビジネスって何ですか？　内田香奈……25
7　行政サービスとNPOの役割の違いは？　平尾剛之……27

発展編

1　NPOのガバナンスとは？　平尾剛之……29

2　NPOって信頼できますか？　平尾剛之……31
3　町内会もNPOですか？　平尾剛之……33
4　NPOのためのNPOがあるの？　平尾剛之……36
5　NPOの活動資本って何ですか？　平尾剛之……38
6　どんなNPOがあるの？　その1　祇園祭ごみゼロ大作戦　内田香奈……41
7　どんなNPOがあるの？　その2　京町家の保存と活用　滋野浩毅……44
8　どんなNPOがあるの？　その3　災害時の支援活動　赤澤清孝……47
9　どんなNPOがあるの？　その4　協働つむぐお寺の実践　梶田真章……49
10　どんなNPOがあるの？　その5　ヒューマンサービスの実現　中村正……52
11　NPOのコンプライアンスって何ですか？　平尾剛之……54
12　NPOって何でしたか？　平尾剛之……56
展望編
1　NPOは社会の動きに敏感？　平尾剛之……58
2　北部地域の課題解決の担い手はだれ？　杉岡秀紀……60
3　海外から見た日本の市民活動って？　山口洋典……63

4　政治とNPOって関係ありですか？　富野暉一郎……66
5　寄付が目指す社会とは？　内田香奈……68
6　コミュニティラジオの役割って？　深尾昌峰……70
7　市民活動する人もしない人も同じ？　平尾剛之……73

第Ⅱ部　特別寄稿●新しい価値創造の旗手―ソーシャル・デザイナーズ

1　祭りも街も美しく―祇園祭ごみゼロ大作戦　内田香奈……78
2　京都市民活動総合センターを担い続けて　内田香奈……82
3　NPOが運営するコミュニティラジオ　太田航平……86
4　寄付文化醸成―寄付者視点のファンドレイジングと
　NPOの組織基盤強化の挑戦　河合将生……90
5　すべての参加者が主体となる学びの場への実践　北村恵美子……95
6　域学連携で地域公共人材を育成　白石克孝……100
7　地域創生とプロボノ―地域の公共的課題解決のための関係人口を増やす　杉岡秀紀……104
8　市民の立場から地球温暖化問題に取り組む　田浦健朗……109

9　私から公へ―福知山公立大学の取組み
京都議定書からパリ協定で、脱炭素化への大転換を　冨野暉一郎……114
10　障害のある人たちの「可能性の芸術（エーブル・アート）」―
市民による「新しい文化」のあり方の提案と地域の再生　中須雅治……118
11　ＳＤＧｓ―持続可能な開発に向けたアジェンダ　新川達郎……123
12　包括宗教法人の中間支援機能と社会的責任　西央成……127
13　まちづくり仕事づくり―地域のための民間・市民シンクタンク　東信史……132
14　利用者本位のサービス向上を目指して―福祉サービス第三者評価　平尾剛之……137
15　中間支援組織の役割と新しい価値の創出
ほっとけないをほっとかないソーシャルディレクション　平尾剛之……141
16　市民コミュニティ財団と市民性　深尾昌峰……147
17　営利を分配しない非営利株式会社　深尾昌峰……151
18　災害時もＮＰＯが活動し続けられるように―災害時連携ＮＰＯ等ネットワーク　牧紀男……155
19　地域の子どもたちと育ち合える場所づくり　村井琢哉……159
20　京都の観光施策のゆくえ　森野茂……163
21　さらなる支援環境の構築を目指して 信頼性と透明性の向上を図る組織評価　吉田忠彦……168

第Ⅲ部　特別収録●きょうとＮＰＯセンター設立20周年記念事業

○特別企画シンポジウム　第１弾
超高齢社会・社会福祉制度基盤を担う人材は誰か
―副業規制緩和によるセカンドキャリア形成を目指して……176

○特別企画シンポジウム　第２弾
災害時の情報伝達における地域コミュニティ放送の役割と備え……182

京都における市民セクターの20年とこれから　中村　正……190

付録―きょうとＮＰＯセンター20年の活動の軌跡……201

執筆者一覧・表紙デザイン……207

京都発　ＮＰＯ最善戦

―共生と包摂の社会へ―

はじめに

京都新聞連載企画「市民活動のススメ」スタート

２０１６年秋、京都新聞報道部の松田規久子記者から「ＮＰＯとは何かについて、連載の企画をしているので書いてもらえないか」という依頼を受けました。実はその当初、素直に「では書きます」とは言えなかったのです。むしろお断りしたいような気持ちでいっぱいでした。

１９９７年前後からでしょうか、ＮＰＯ（民間非営利団体）という言葉が新聞紙上でも登場するようになりました。まだＮＰＯが何かもわからない状態で、既存のボランティア団体の関係者や有識者など、多様なメンバーと「ＮＰＯを支援するためのＮＰＯ」、いわゆる中間支援組織の設立を構想し、きょうとＮＰＯセンター（１９９９年10月14日法人化、以下、ＫＮＣ）の設立準備会を立ち上げ、筆者もそのメンバーの一人として設立に携わってきました。その準備会で、筆者が特に魅せられたのは、「平尾くん、これから社会課題への取組みを生業とする第三の雇用セクターが誕生するのだよ！」と語った中村正現理事長や、設立当初から事務局長を担ってくれた深尾昌峰氏をはじめ、キラキラと目を輝かせながら市民社会の未来を展望する若い（その当時、学生だった）メンバーとの出会いからでした。

２００７年、ＫＮＣの設立から9年目、筆者自身も前職を辞してＫＮＣの構想に参画し、事務局を直接担いながら、ＮＰＯの支援や価値創出、価値発信をまがりなりにも真摯に取り組んできました。そして、特定非営利活動促進法（通称、ＮＰＯ法）が施行されて20年近くも経って、「なぜ今更、ＮＰＯとは何かを書かなければいけないのか、そんなに社会には理解されていないのか、これまで何をしてきたのか」と、とても違和感と抵抗感があり、悲哀のうちに、前向きに依頼を受け止めることができなかったのです。その胸のうちを吐露しながらも、「今だから必要、知りたいと思っている人はまだたくさんいる」との声にも後押しされ、よく考えてみれば、自分の親族や友人にさえ仕事の内容をうまく説明することも理解されることもできていないのに、一般社会の人が理解してくれるはずがないと思い返し、お引き受けすることにしました。

連載のタイトルを「市民活動のススメ」とし、初回は当然のように「ＮＰＯって何だろう？」から書き始めました。しかし、求められているレベル感をうまく捉えることができず、「平尾さん、知ってほしいという思いが強すぎて、読者の関心に届かない」と、何度かダメ出しされながら、「伝えたい」という思いをぐっと押さえて、読者が読みたそうなところに文書を落とすような気持ちで書き進めました。２本目のタイトルを「協働とは何か」ではなく、【「協働」って漢字間違い？】としたのは、読者の関心を誘うことを意識した顕著な例と言えます。

以降、松田記者から依頼されるがままに連載を継続（発展編）し、再継続（展望編）と書き進めた結果、約1年半にわたり、26本もの原稿執筆を積み上げることができました。

連載中にはいろいろな場面で、「平尾さん読んでるで、次回も楽しみにしてるで」と、多くの方々から反響の声をいただくようになり、ひしひしと成果を実感することとなりました。

また執筆担当は筆者だけではなく、編集作業をサポートしてくれた内田香奈ＫＮＣ副統括責任者をはじめ、当センター役員全員で担当し、実践事例を交えながら多様な視点で執筆することができました。

無事最後まで書き終えることができましたこと、本連載を企画し温かく見守っていただいた松田記者および連載企画を引き継いでいただいた円城得之記者には大変感謝しています。

本書を発行するにあたって

本書は、新聞連載の執筆を進める段階で、すでに計画を立て始めました。その理由の一つは、文字数制限もある中で、「本当に書きたかったこと、書き足りなかったこと」を、本書では「伝える」という視点で補足し、ある意味それぞれのテーマを筆者なりに昇華させたかったからです。二つ目の理由は、ＫＮＣ設立20周年に向けて、前作「京都発 ＮＰＯ最前線─自立と共生の街へ─」の続編を約20年ぶりに発行したいと思い立ったからです。

本書は、前作をオマージュしながらも、「最前線」を「最善戦」に、「自立と共生の街へ」を「共生と包摂の社会へ」に変えて、この20年の変遷を感じることができるようタイトル付けを行いました。

第Ⅰ部は、新聞掲載内容はそのままに、補足および図や写真を加え、一般の読者やこれからＮＰＯ・市民活動を学ぶ人の入門編としてできるだけわかりやすくイメージしながら、「最前線」の視点も大いに盛り込み、構成しました。

第Ⅱ部は、この20年で市民社会に生まれ育まれた価値、その価値を創造・牽引する方々に新しい価値創造の旗手―ソーシャル・デザイナーズとして寄稿いただきました。

第Ⅲ部は、KNC設立20周年記念事業として開催した特別企画シンポジウムの概要を収録しました。両シンポジウムの論点も社会にある課題に対して、社会的包摂（ソーシャル・インクルージョン social inclusion）を意図する、「ほっとけないをほっとかない」社会づくりを展望する企画として実施したものです。

まとめとして、KNCおよび市民セクター20年の変遷と展望について中村正理事長が担当し、執筆いたしました。

以上、本書はこれまでの良き活動実績の集積と共有、これからの展望を目的として編纂いたしました。民意の総称としてのNPOが社会にしっかりと受け入れられていくには、残念ながらまだまだ道半ばと言わざるを得ません。「NPO・市民活動って何か」を語らなければいけない立場から、「NPO・市民活動っていいね」と常に言われる立場に変われるまで、今しばらくは精進が必要です。

最後に、本書を作成・発行するにあたって、ご尽力をいただきました京都新聞出版センターのみなさまをはじめ、寄稿や助言を含め、ご支援を賜りました多くの方々に心から感謝を申し上げてお礼の言葉とさせていただきます。

2018年6月30日

特定非営利活動法人きょうとNPOセンター 常務理事・統括責任者　平尾 剛之

第Ⅰ部

京都新聞連載

市民活動のススメ

1　NPOって何だろう？　社会の「困った」解決目指す団体

平尾　剛之

近年、いろいろなところでNPOという言葉を見かけるようになりました。でも、何となく分かるようで分からない、そう思っている人も多いのではないでしょうか。「いつごろから出てきたの」「ボランティアじゃないの」「NGOと違うの」などなど疑問が浮かびます。

最初に、NPOはいつごろ登場したのでしょうか。1995年に起きた阪神・淡路大震災では、市民団体・企業・行政の枠を超え、多くの人々が支援に携わり、大きな社会現象として「ボランティア元年」と呼ばれるようになりました。これらの活動が「もっと促進されるべき」と社会的機運が高まり、1998年の特定非営利活動促進法（通称NPO法）の制定につながりました。現在、全国で5万件を超えるNPO法人や法人格を持たない任意団体などが活躍しています。

NPO法の誕生とともに、一気にNPOは社会に広がっていきました。NPOのNはNon（非）、PはProfit（営利）、OはOrganization（組織）の略で、民間非営利組織と訳されています。つまり、営利を第一目的とせず、社会にあるさまざまな「困った」の解決などに向けて活動する民間の団体ということになります。

（2016年11月9日掲載）

補足――

ＮＰＯは、Non-Profitというよりは、Not for Profit Organization（営利のためではない組織、営利追求を目的としない組織）ということができます。そもそも営利を目的とした組織（営利組織）に対して、営利を目的としない非営利組織と対比的に表現しているだけで、積極的に組織としての存在を説明している訳ではありません。「私たちはＮＰＯです」と言ったところでピンとこないのは、営利か非営利かという組織のある一部の特性を示しただけで、組織の名称や目的、活動内容やビジョンなどを何も説明していないからです。また、ＮＰＯと聞いただけで、多様な活動が想像でき、その実態や成果の共有を実感し理解できるほど、ＮＰＯに対して社会は成熟していないことも要因の一つです。

では、何を目的に活動しているのでしょうか。ＮＰＯにはそれぞれの組織で、達成するためのミッション（目的・使命）が掲げられており、その目的を達成するために具体的な活動（基幹事業）が行われています。そういう意味においてＮＰＯは非営利組織というよりも、目的を達成することを優先的に考えて活動している組織＝Mission Priority Organization（ＭＰＯ）ということができます。

ちなみにＮＧＯは、Non - Governmental Organizationのアクロニム（acronym 英単語の頭文字による略記法のこと）で、政府や行政組織（Governmental Organization）と対比した組織として、非政府組織と言います。もちろんＮＰＯも非政府組織であり、ＮＧＯも非営利組織ですので、ＮＰＯとＮＧＯは同じ（同義語）ということになります。日本でＮＧＯは、国際的な活動を行っている団体として理解されているケースが多いようです。

2　「協働」って漢字間違い？　セクターの違いを超え協力して働く

平尾　剛之

最近になって「協働」という言葉をよく見かけるようになりました。でも「共同」もしくは「協同」の間違いじゃないの？と思った人も多いのではないでしょうか。確かに十数年前までは、パソコンで「きょうどう」と打って「協働」に変換されることはありませんでした。実は、この「協働」もＮＰＯの登場と深い関わりがあるようです。

私たちの社会では、活動する分野をそれぞれの特徴ごとに、政府や行政など官が担う第一（政府）セクター、営利目的の私的団体が担う第二（企業）セクター、公共目的など市民が担う第三（市民）セクターの三つに分類されています。市民セクターは、政府ではない企業ではないという意味において非政府組織（ＮＧＯ）や非営利組織（ＮＰＯ）が担っているセクターとしても理解されています。

「協働」は、コーポレーションやパートナーシップの和訳として使われています。近年では、行政施策についても「市民参加」や「市民協働」が重要視されるようになり、お互いのセクターの特性を生かしながら重要なパートナーとして協働が行われるケースが増えているのです。

企業活動においても、きれいな水源を資源として生産加工する企業と、環境保全を目的に活動しているＮＰＯは同じ課題を共有しており、セクターは違えどもお互いの特徴を生かしたパートナーとなれるのです。

（２０１６年11月23日掲載）

補足――

それは協働なのか、もしくは共同、協同なのか。はたまた、コーポレーション（corporation）やパートナーシップ（partnership）、コラボレーション（collaboration）なのかという言葉の定義はさておき、「セクターの違いを超え協力し合う」ということ。まさしく属性や特性の異なるセクターが、共に手を携えて成果を出すために協力し合うことは大変意義深いことです。

時として、この「協働」は、NPOや市民活動団体と行政が行うことと、狭義的に理解されているケースが多いようですが、もちろん企業などとの協働もあり、パートナーが限定されていることはありません。しかし、もともと異質な存在である者同士がつながるためには何が必要なのでしょうか。NPOや市民活動団体とつながるためには、前提として、ミッション（使命・目的）への「共感」、行動を同じくするための「協調」という糊代（のりしろ）が必要です。また、適切な「協働」を成立させるためには、それぞれが特性として有している能力や資源を出し合ってこそ、対等なパートナーとして成立することができるのではないでしょうか。

最近では、行政機関の中で「市民協働推進課」という部署名

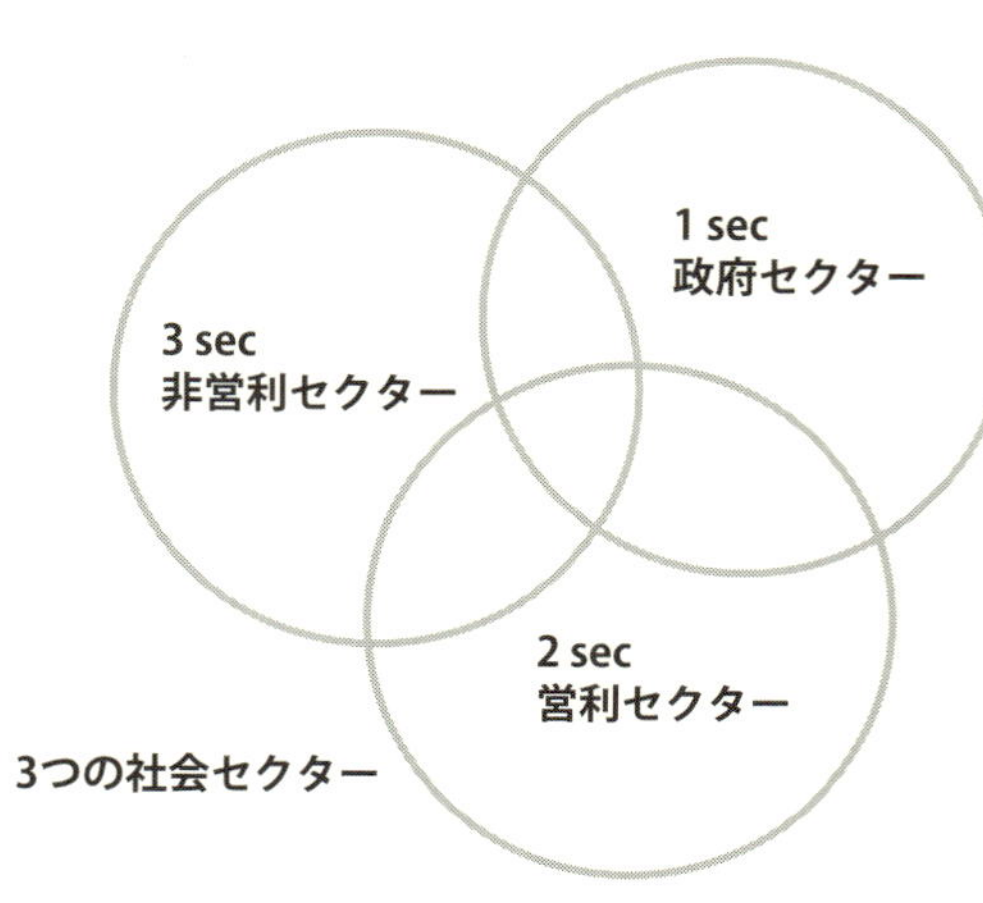

3つの社会セクター

をよく見ます。しかし、協働することはお互いの目的を効果的に達成するための手段であって目的ではありません。ＮＰＯ・市民活動団体も協働という名のもとに自分たちの特性を生かすことのできないような安価な委託先や下請事業者にならないように注意して、関係性を構築する必要があります。

3　NPOとNPO法人って違うの？　活動基盤と社会責任 より大きく

内田 香奈

普段、「人格」という言葉を使うことがありますね。人の場合は、その人の性格やふるまいなどを総合的に表すときに使います。実は、団体にも人格としての特徴づけがあり、それが法律で定められるため法人格といいます。例えば、株式会社や合同会社といった企業の法人格は会社法、社会福祉法人なら社会福祉法によって、その特徴や設立・運営・解散等の手続きが定められています。NPO法人は、特定非営利活動促進法という法律の定めによって設立・運営される団体です。正式には特定非営利活動法人という名称ですが、略してNPO法人と呼び、現在、全国におよそ5万法人あります。

NPOというときは、このNPO法人のほか、法人格を持たない市民活動団体やボランティア・グループ（これらを任意団体とも言います）も含んでいます。任意団体は、団体の設立や解散が任意に行え、その数は誰も把握していません。任意団体もNPO法人も、どちらも市民活動の担い手です。

法人格を取ると、さまざまな契約行為（例えば事務所の賃貸契約や銀行口座開設など）を、団体の責任で行えるようになりますが、当然、法的な責任も大きくなってきます。法人格を持つことは、NPOにとってその使命を達成するために、活動基盤を強くする一つの方法です。組織として社会的に認められる一方、相応の責任を果たし、適切な運営を行うことが求められます。

（２０１７年１月25日掲載）

補足──

かつて、市民活動団体が取得できる法人格はＮＰＯ法人しかありませんでしたが、現在は「どの法人格をもつか」という選択肢もあります。２００８年の公益法人改革のなかで、一般財団法人、一般社団法人という選択肢ができたのです。この二つの法人格を定める法律は、「一般社団法人および一般財団法人に関する法律」です。

選択肢が増えたことで、市民活動団体としてＮＰＯ法人にするか、一般社団法人にするか悩む方も多いようです。特に一般社団法人は、同じ法人格でありながら、各団体の定款（団体運営のルールブック）の定め方によって、ＮＰＯ法人と同じ公益・非営利型と位置づけることができる一方、共益型や営利型の法人とすることもできます。

法人格を取得することは、団体の信頼性を高め、活動を継続するための方法の一つです。しかし、法人格をもつことの意味やどの法人格をもつべきかは十分吟味する必要があります。それは、自分たちが何を大切にして活動したいか、どんな運営方法を望むのかによって変わるからです。手続き上の簡便さや、目先の助成金・補助金などにとらわれすぎることなく、仲間と十分に話し合って決めることが、とても重要です。

4　非営利ってどういう意味ですか？　利益を分配せず目的のために

平尾　剛之

「非営利」とは、を考える前に、「営利」とは何でしょうか。営利は経済的な活動の中で利益の追求を目的とし、その利益を構成員（社員や株主など）で分配することを意味しています。逆に「非営利」は、利益の追求を第一の目的とせず、経済的活動の中で得た利益を構成員で分配しないという意味になります。

NPOなどの活動は原則的にこの「非分配」にのっとって運営されています。民間非営利団体（NPO）は「利益を上げてはいけない」とか「ボランティア活動なのでお金は必要ない」と理解されているように聞くことがありますが、これらは誤解です。「非営利」とは活動の中で上がった利益を分配せずに、「団体のさらなる目的の達成に向けて活用すること」と説明できます。

「NPOで働く人の給与は、分配じゃないの」と言われることもありますが、給与とはあくまでも労働に対する対価であり、利益の分配にはあたりません。しかし、業績が良かったので「大入り袋を出そう」という発想は、分配にあたる可能性があるので注意が必要です。

最近、N女（NPOで働く女子）という言葉を見かけます。社会にあるさまざまな課題に対して活動するNPOを職業の一つとして選択し働く女性の姿を表しているようですが、営利・非営利を問わず資金が確保されないと、人の雇用も持続的な運営も難しくなりますね。

（２０１７年２月８日掲載）

補足――

営利の追求を目的として、その成果を構成員で分配することが当然のこととして受け入れられている企業などの組織体に対して、「儲ける」「分配する」という、そのどちらも否定することで自らの存在を説明しようとしている組織がＮＰＯです。政府ではない組織という側面だけを捉えて説明しようとしているＮＧＯ（Non Governmental Organization）とは同じ意味を表す言葉としては同義（ＮＧＯ＝ＮＰＯ）であり、双方ともに自らの存在を積極的に証明しないまま、何となく認知される存在となってしまったことが、社会に受け入れられるプロセスにおいて、誤解を生じさせ存在を掴（つか）みにくくさせている原因となっているのではないでしょうか。

そもそも「営利目的」という言葉はあっても「非営利目的（儲けないことが目的）」という言葉はありません。「非分配」という言葉も分かりにくく、一般的には「非営利組織」という言葉が、お金のいらない（かからない）組織というイメージをつくり、既存のボランティア団体やその活動と同じ姿を連想させ、実態を見誤らせているのかもしれません。もちろんボランティアは固有の存在・固有の価値であり、ＮＰＯと言い換える必要もまったくありません。では、ＮＰＯやＮＧＯとは何なのでしょうか。それぞれのＮＰＯ・ＮＧＯには、組織としての個別固有の名称および達成すべき目的や成長の方向性などがあり、それらをしっかりと説明しない限り、その存在意義を社会と共有することは難しいのではないでしょうか。

5　NPOってボランティアですか？　社会活動 直接対価なじまぬ時も

内田 香奈

時に、収益が見込めなくても目的の達成に向けて活動するNPOは、自発的な無償の行為とされるボランティアと同義であると言えます。支援対象者（サービス受益者）から直接対価を得られない、そもそも想定がないという場合もあり、活動にはさまざまな知恵と工夫が求められます。

経済的な困難を抱える家庭への支援の場合、支援対象者から対価を得るのは難しいことです。しかし、もっと勉強したいと思う子どもたちが経済的な理由だけでその機会を失うことがないように、NPOが組織的に行う学習サポートと、ボランティアとして行う活動に違いはありません。環境問題などは、原因が私たちの社会生活にあり、その影響は私たちすべてに及びます。問題が解決されたら、その恩恵もすべての人が享受します。しかし、解決のために活動したNPOへの対価を特定の誰かが払うことはないのです。

社会が直面している問題を解決する際、サービス等の提供者と受益者の間だけで完結することが難しく、第三者から資金的支援を得る場合も少なからずあります。NPOが会費や寄付を熱心に呼びかけるのは、直接に対価を得ることは難しいけれど、私たちの社会に必要な活動を支え、問題解決につながる仕組みやシステムを模索するためなのです。

現状を見ると、無償の行為を前提としたボランティアと、同じ目的で活動するNPOに違いはなくとも、将来的に目指す姿においては大きな違いがあるのかもしれません。

（2017年2月22日掲載）

補足――

ボランティアは、自分たちの地域や社会、そしてそこで起きている課題に対して積極的に関与し、その解決を図るために責任を果たそうとする方法の一つです。

例えば、さまざまな理由から、学ぶことに困難を抱える子どもが身近にいるとします。地域の大人が、自宅を開放して料金も取らずにそうした子どもたちに、勉強を教えるとしたら、もちろんこれもボランティアとしての活動です。しかし、一人が無償で行う場合、サポートできる子どもの数には自ずと限界があります。もちろん、自分にできる範囲での活動として継続することは可能ですし、そうしたあり方も私たちの社会に必要です。

一方、同じ境遇にあるもっと多くの子どもたちの支援をしたい、あるいはこうした子どもたちが生み出される社会の仕組みや教育制度を変えていく必要があるという思いを抱いた時、安定した支援環境づくりや行政などへの働きかけも必要になります。そうなると、複数のスタッフを配置したり、長期間にわたる活動やそれに伴う活動資金を獲得する必要も生じ、組織化されていきます。それが広くいうところのＮＰＯ、あるいはＮＰＯ法人という形を取っていきます。目指すものの違いとは、そういうことです。

いずれも目の前の、あるいは今の社会の課題に目を向けて「なんとかこの状況を変えたい」という思いで始まるものです。双方とも私たちの社会には必要なあり方なのです。

6　ソーシャル・ビジネスって何ですか？　ビジネスで社会の課題解決

内田　香奈

ソーシャル・ビジネス（以下、ＳＢ）とは、「地域や社会の課題をビジネスの手法を使って解決すること」と定義されます。バングラデシュにおけるグラミン銀行の取組みなどで、２００６年にノーベル平和賞を受賞したムハマド・ユヌス氏が使い、世界中に広まっている考え方です。

ＳＢの考え方は、課題解決のために必要な事業に投資を行い、投資分は回収するが、それ以上の利益を追求せず、利益が出た場合は新たな社会課題の解決のために再投資する、というものです。利益を目的としない、出た利益を配分しないという点でＮＰＯの考え方と共通しています。また、その事業は経済的に自立し、持続可能であることも求められます。

ＮＰＯはもちろん、企業もＳＢの担い手となります。企業なのに利益を目指さなくていいの？　と思うかもしれませんね。現在の企業活動や「利益追求型ビジネス」は、従来の社会的基盤の上に成り立ってきました。しかし、今の私たちの社会は、社会的基盤そのものが揺らぎ始め、さまざまな課題が現れています。たとえ企業がどんなに良いサービスを提供しても、それを活用できる社会でなければ、企業にも利益になりません。一方、ＮＰＯが社会的な活動を展開しても、それが経済的に自立し継続的に行われる仕組みをつくることができなければ、課題解決にいたることは難しいでしょう。

SBでは、経済的価値と社会的価値は相反するものではない、という考え方を持つことが大切なのです。

（2017年3月8日掲載）

補足――

現在の日本の社会制度は、高度成長期の社会のあり方が前提となっているものがまだ多くあります。人口も収入も増え続けることを前提につくられた制度が、現在の社会に合わなくなっていて、そのギャップがさまざまな社会課題として現れています。それらの解決を図ろうとするSBのテーマも多様です。ホームレス状態にある人が、雑誌を仕入れて販売し、その売上げの一部を得ることから社会への復帰を目指す「Big Issue」の取組みは、イギリスから始まったソーシャルビジネスです。また、子どもの熱があっても預かってもらえる病児保育や子どもの学習支援、耕作放棄地を活用した農業再生などのテーマもあります。

現在、ソーシャルビジネスを担うのは、営利法人・非営利法人など合わせて、約20万社で、中小企業全体に対して11・8％と推計されています。※1

※1「我が国における社会的企業の活動規模に関する調査」三菱ＵＦＪリサーチ＆コンサルティング株式会社　２０１５年３月

7　行政サービスとＮＰＯの役割の違いは？　必要な支援提供、公正な社会に

平尾　剛之

過疎地域の交通手段の確保や地域ごみの回収システムの整備など、社会のさまざまな課題の中でも、市場では解決できない問題には行政政策として税金が投入され、業務は行政が中心となって担ってきました。行政による公共サービスは公平と平等（イコーリティ）が原則であり、税の使途として、広く社会から理解および享受される必要性があります。

一般会計税収の減少や人々の生活の質・価値観の多様化とともに、行政だけで公共サービスを担うことは難しくなり、ＮＰＯも担い手として活躍する場面が多くなりました。しかし、公平と平等を原則とする行政と組織ミッション（使命）の達成を目指すＮＰＯとでは、担い方に大きな違いがあります。

ＮＰＯが提供するサービスは個別多様であり、「困っている人に必要な支援を提供する」ことで、結果的に格差が緩和されるような、公正（フェアネス）な社会の実現を目指しているのです。つまり、「あってもいい違いを選択すること」で、行政とは違う価値の創出を図る役割を担っているのです。

ＮＰＯの活動は、行政サービスの末端を税金で担っているとか、無償でかつ特別な人が行う行為ではありません。活動は、税金だけではなく民間資金によって支えられる必要があり、「ほっとけない」という思いで活動するＮＰＯを「ほっとかない」社会環境づくりが今求められています。

（２０１７年３月29日掲載）

補足――

自分たちだけではできないことを税金という財源を使って実現することが政府・行政の役割です。治安維持や外交政策、ごみ焼却などは民間では対応が難しく、国・行政として一体的に行われる必要があります。これらは公平と平等が大原則であり、人や地域によって違いがあってはなりません。そのために、どの政策および施策を誰に任せ、どれだけ選択するかを問うのが選挙であり、民主主義の根幹を担っているのです。

しかし、社会の中で多様な人々がその人らしく幸せに暮らすためには、公平・平等を越えて、「あってもいい違い」を選択する必要があります。困っている人が困らない状態にするために必要なサービスは、質（quality）・量（quantity）ともに違うのです。ある人にとっては多すぎて、ある人にとっては少なすぎる状況があるとしたとき、この状況を打開するのが公平と平等を原則とした行政サービスであっては、成果につなげにくくなります。こういう状況に適切に対応できるのが、個別・具体性を得意とするＮＰＯではないでしょうか。ＮＰＯなら、個別の使命に基づいた成果を出すことに何ら躊躇（ちゅうちょ）はありません。ＮＰＯは行政とは違う役割をもって公正な社会を生み出す原動力となっているのです。災害時に避難した体育館には老若男女、アレルギーのある人や障害のある人、ペットと一緒に避難したい人など、さまざまな事情を抱えた人がいます。すべての人に等しく支援しようとすると、誰のニーズにも合わないことになります。ＮＰＯと行政は正義を前提とした成果の創出に対して、補完関係にあるのです。

発展編

1　NPOのガバナンスとは？　開かれた組織と意思決定が必要

平尾　剛之

NPOは「非営利活動」という側面が注目されがちですが、組織（団体）として行う活動でもあります。従って組織が円滑に運営されるためのコントロール体制や仕組みといった「ガバナンス（統治）」が非常に重要になります。

NPO法人を設立する場合、最低10人以上の社員（会員）と4人以上の役員（理事3人以上、監事1人以上）が必要です。社員による総会を年に1回以上開催し、ルールブックである定款で定められた審議事項（役員交代や定款変更、事業終了・決算報告など）を議論し、決議を行う必要があります。

通常、NPO法人は理事会を設置する場合が多く、代表理事および理事会のガバナンスに基づいて組織を運営しています。代表理事とは法律名称ですので、団体の定款に規定することで理事長や会長など、別の名称に言い換えることができます。

法人格を有するNPOには、NPO法人のほかに、一般・公益社団および一般・公益財団法人、社会福祉法人、宗教法人などがありますが、それぞれ根拠法が違うため、定款の記載事項やガバナンスのあり方も変わります。自治会やボランティア団体などの任意団体は、特定の法律にしばられないため、規約や会則で自由にガバナンスを規定することができます。ＮＰＯ法人の場合は、目的を達成するための計画や事業ができるだけ多くの人に理解・支援される必要性があることから、より開かれた組織づくりや意思決定の仕組みが求められるのです。

（２０１７年４月12日掲載）

補足――

「ＮＰＯのＯはOrganizationのＯ」と、非営利性よりも組織性および組織運営の重要性をずっと唱えてきました。ガバナンスも日本語訳としては、「統治」ですが、説明に苦慮する用語の一つで「組織管理運営体制」と言い換えて説明する時もあります。ＮＰＯにとってはどうしても、組織よりも事業内容および成果がより問われる側面が多く、ＮＰＯ自身もガバナンスについては意識が薄く、おざなりになりがちです。

ＮＰＯ法人の場合のルールブックは定款ですが、この定款内容を把握していない、もしくは、定款に沿った運営を行っていない団体も少なからず見受けられます。組織内部において何か揉め事が生じた時も必ず定款の遵守（じゅんしゅ）が大原則になります。例えば定款に沿った形式で総会の開催が行われていない場合、そこで決議した審議事項は無効になることも考えられます。定足数を満たずに開催された理事会は、成立したとは言えません。健全な組織づくりのためにはすべてのステークホルダー（利害関係者）などに対して、Ｇ（Governance）・Ｃ（Compliance）法令遵守・Ｄ（Disclosure）情報開示の責任を果たして行くことが最重要課題です。組織を船に例えて言えば、どんなに立派な荷物を積んでいても、船に穴が空いていたら、いずれ航海の途中で沈み、後悔することになります。業務執行責任者として、すべての役員（理事・監事）に「善良な管理者の注意義務」が求められているのです。

2　ＮＰＯって信頼できますか？　行政への報告や民間評価 参考に

平尾　剛之

最近ニュースなどで、不正経理や詐欺で立件されたＮＰＯがらみの事件を見かけます。不祥事はＮＰＯに限ったことではありませんが、社会的にまだまだ認知度が低いＮＰＯの一部の不祥事が「やっぱりＮＰＯは」と、全体の信頼性を損なっていくことを危惧します。特に公的資金（税金）や不特定多数の人から寄付などの支援を受けている団体は、より積極的な信頼の可視化が求められています。

しかし、社会から見れば、一つ一つの団体の組織状況や活動内容を確認し、信頼できるかどうか見極めることは容易ではありません。ＮＰＯ法人の場合は、年に一度、所轄庁へ事業および決算報告書の提出が義務づけられており、その内容を「内閣府ＮＰＯホームページ」で確認することができます。ＮＰＯの情報開示を推進し、団体の基礎情報（定款内容や役員構成、所在地など）および活動内容を公開している民間情報サイトや、団体の運営体制や仕組み・経理環境などを評価・認証し、その結果を公開している民間評価サイトもあります。

信頼を損なう原因として「不正を働くＮＰＯ」というよりも、資金・人手・マネジメント不足、特定の人への負荷、活動メンバーとの合意形成に行き詰まり、休眠や解散状態を放置している団体や、所轄庁から法人認証を取り消される団体が増えている現状の方がむしろ気になります。健全な組織運営のもと自らの透明性と信頼性を向上させ、しっかりとした説明責任を果たせる環境を常に構築する必要があります。

（２０１７年４月26日掲載）

補足——

「企業って信頼できますか？」と聞けば、「信頼できる企業もあれば、信頼できない企業もある。そもそも企業をひとくくりにして、信頼性を問うのはナンセンスだ」と言われそうです。それはＮＰＯにとっても同じです。しかし現状において、一つのＮＰＯの問題はすべてのＮＰＯの問題であることを前提にしなければなりません。言い換えれば、積極的に信頼性と透明性を社会と共有する努力をしなければ、正当な判断がなされにくい状況にあるという危機感が必要です。

では何をすればいいのでしょうか。一つは情報開示（disclosure）です。組織のホームページで、もしくは民間の情報公開サイトなどを活用して、①団体の所在地・連絡先・開設時間、②組織ミッション（使命・目的）および基幹事業（目的を達成するための基幹的な事業）、③役員（理事・監事）ボードおよび役員報酬、④組織概要および定款などの基礎情報、次に①中長期計画、②事業終了報告および決算報告、③事業計画および予算計画、④支援者などステークホルダー（利害関係者）に対する情報、⑤意見・要望・苦情などを汲み取るシステムなどの公開が必要です。もう一つは説明責任（accountability）です。実施している事業やその成果に対する評価だけではなく、組織体制（governance）や運営の仕組み（management）および運営状況について、しっかりと説明できる運営体制の構築が必要です。また、第三者からの客観的な評価を受けることも信頼性の向上に寄与します。

3　町内会もＮＰＯですか？　地域密着「地縁型」共感しやすく

平尾　剛之

ＮＰＯといえば、一般的に貧困や環境問題など、それぞれの団体の組織ミッション（使命・目的）に基づいて、「テーマ型」で取り組んでいる活動がイメージされやすく、問題解決に向けてステークホルダー（利害関係者）を特定せずに多様なネットワークを構築しながら公益的な活動をしている団体がＮＰＯと理解されるケースが多いようです。しかし、町内会や自治会、地区女性会のように法人格を持たずに地域的なつながりをよりどころとして、多様に想定されるミッションに基づいて組織化された団体もまたＮＰＯであり、地域社会の活性化の要として大変重要な役割を担っています。

いずれも営利の追求を第一の目的とせずに、ミッションの達成を優先して活動するＮＰＯであることに違いはありませんが、町内会のように地域的なつながりに限定して組織化された団体のことを特に「地縁型」ＮＰＯと呼ぶことがあります。また、ある条件をもとに限定された人が活動者や支援者、受益者（サービスを受ける側）になることから、「公益」に対して「共益」的な活動を行う団体として説明されることもあります。同窓会や協同組合などはその一例として挙げることができます。

地縁型ＮＰＯの活動は、地域や生活環境・文化に密着しているため、設定された課題に理解・共感がしやすい、また、活動者および受益者の存在や寄付などの支援に対しても成果が実感しやすいため、「支援して良かった」という成功体験が得やすい状況にあることも特徴の一つと言えます。

（2017年5月10日掲載）

補足――

ドイツの社会学者フェルディナント・テンニースは、社会にある集団の構成要因について、「ゲマインシャフト」と「ゲゼルシャフト」という二つの概念に分けて説明しています。※1 ゲマインシャフトは、地縁・血縁関係などにより自然発生したゆるやかにつながる社会集団を示し、多目的で温かい関係を特徴としているのに対し、ゲゼルシャフトは、利害関係による人為的・作為的につくられ、限定的な目的を達成するために組織的に機能するクールな関係を特徴とした社会集団として説明しています。同じNPOであっても「地縁型NPO」はゲマインシャフトという概念に近く、「テーマ型NPO」はゲゼルシャフトの概念に近いと筆者は捉えており、この両者を同じNPOというカテゴリーで説明していくのは難しいだけでなくあまり意味がないのではないかと考えています。さらに、中間的な立ち位置や成長段階で双方の特徴

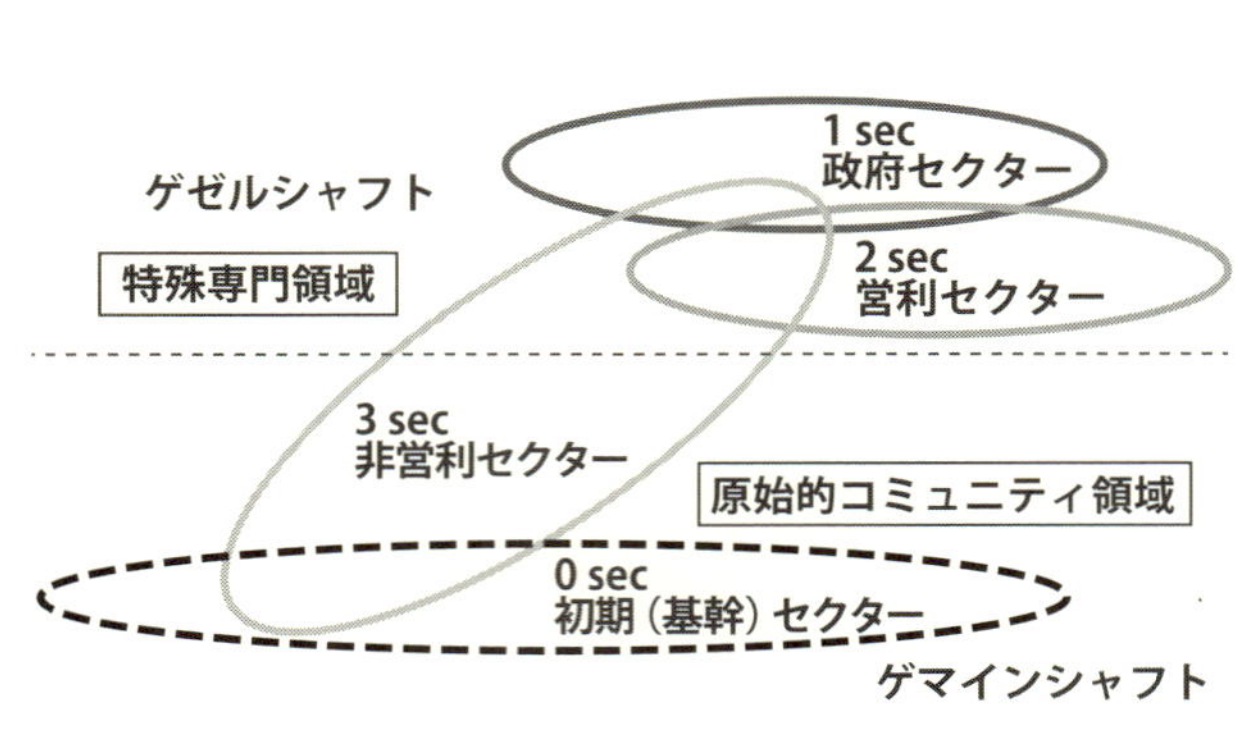

を備えて活動している団体もあり、明確に分けることはできません。

地縁型ＮＰＯは、原始的（基幹的）コミュニティ領域の担い手であり、第一セクターを担う行政に役割を付託する前の機能（例えば、地域自治会、体育振興会、地域のお祭り実行委員会など）を担っており、テーマ型ＮＰＯは雇用環境を内包している場合もあり、特殊な専門領域において行政と協働で、もしくは主体的に公益的サービスを担っています。

※１　テンニエス著、杉之原寿一訳『ゲマインシャフトとゲゼルシャフト──純粋社会学の基本概念〈上〉』岩波文庫、１９５７年

4　ＮＰＯのためのＮＰＯがあるの？　団体運営を支援 仲介的な機能も

平尾　剛之

ＮＰＯは、それぞれの団体の課題に沿った専門性を追求し、事業を進めていくことに、多大な努力と労力を注いでいます。しかし、団体を運営するために必要な情報を、適切に収集・管理し、マネジメントに生かしていくことは容易なことではありません。

それぞれの団体の専門性とは別に、ＮＰＯを取り巻く法律や制度、助成情報、経営や財務管理などの情報を収集、発信し、団体の運営状況に寄り添った組織基盤整備および強化支援（コンサルテーション）を専門的に担っているのが「中間支援組織（インターミディアリー）」と呼ばれている団体で、きょうとＮＰＯセンターもその一つです。中間支援組織自身もＮＰＯである場合が多く、ＮＰＯの支援を目的としたＮＰＯであることから「ＮＰＯのためのＮＰＯ」と理解されています。

中間支援組織は、行政や企業とＮＰＯ、支援者や市民とＮＰＯ、ＮＰＯ同士をつなげる仲介的な機能も担っています。多様な団体との協働を生み出し、新たな価値を創造する懸け橋にならなければいけません。さらには、非営利団体が共通して持っている意見や主張を代弁し、これからの社会にとって必要となる政策の提言活動やロビー活動（政府や行政の政策に影響を及ぼすことを目的として行う活動）を行うこともあります。特定の政治家や政治団体に対してではなく、社会にあるさまざまな問題の解決に向けてしっかりと意見を表明し、政策提言（アドボカシー Advocacy）を行うことも、中間支援組織の重要な役割として求められています。

（２０１７年５月24日掲載）

補足――

全国には、民間の中間支援組織（インターミディアリー intermediary）が１２９団体活躍し、支援施設が３６４設置されています（情報提供・日本ＮＰＯセンター）。支援施設の大半は自治体が運営主体となっており、民間の中間支援組織がその運営を担っている場合（公設民営）が多く、京都市市民活動総合センター（指定管理者 きょうとＮＰＯセンター）もその一つです。また、同じ中間支援組織であっても、統一的に同じ業務を担っているとは限りません。〇〇ＮＰＯセンターなど、名称は共有していても、中間支援機能および業務内容の共有は基本行っておらず、共通している機能はあっても、それぞれの団体の支援機能があることも特徴的です。

中間支援機能として、それぞれの分野で活躍するＮＰＯに対するヒト・モノ・カネ・情報の仲介支援や組織基盤整備・強化支援、リーガルサポート、事業ブラッシュアップ、ロビー活動や政策提言活動などは共通した機能と言えます、これらの機能の一部を支援施設で行政の委託を受けて行う場合もあります。また、大きな政策判断を誘導・推進・提言・批判などをする場合に、連携して行うこともあります。

きょうとＮＰＯセンターは１９９８年の設立以来、社会にある「困った」を解決できる機能がない場合は、中間支援の観点から新たに創造するソーシャル・イノベーション（social innovation）を重要な中間支援機能として常に挑戦し続けています。

5　ＮＰＯの活動資本って何ですか？　人の支え合い 活動の原動力に

平尾 剛之

何か事業を始めるとき、元手（資本）が必要なのは、ＮＰＯの活動においても同じです。活動に共感した人などから寄せられる寄付金や会費をはじめ、自主事業収入、行政からの補助金や事業委託費、民間団体などからの助成金が活動資金となりますが、時には借金をしてでも活動費を調達して、事業費に充てます。もともと資本力が弱いＮＰＯが活動資金を確保するのは並大抵のことではありません。せっかく苦労して確保した資金が、補助・助成側の意向で人件費や管理費に使えない、事業費の一部しか補助が出ないなど、使途やスケールが限定されて使いづらい場合もあります。

資金とは違いますが有効な資本として、支え合う人と人との人脈、つまり「信頼」「規範」「ネットワーク」といった「社会関係資本（ソーシャル・キャピタル）」があります。社会関係資本は、市民が協調して水平的、自発的、民主的に社会課題に向き合い、問題の解決を図るといった「市民力」を基調としています。ＮＰＯの活動が活発な地域と活発ではない地域の差は、資金力の違いだけではありません。ここ京都においてＮＰＯ活動が活発な理由として、学生の存在が大きいことや、番組小学校を開校した町衆の心意気が今でも受け継がれていることなどがよく挙げられます。

行政まかせにしない民度（市民としての成熟度）の高さ、日頃からのご近所付き合い、地域団体の多様性と結束力といった、さまざまな社会関係資本の存在が、ＮＰＯの資本となり、活動の原動力となるのです。

（２０１７年６月14日掲載）

補足――

アメリカの社会学者ジェームズ・コールマンは、「ソーシャル・キャピタル（社会関係資本 social capital）は、ヒューマン・キャピタル（人的資本 human capital）と対応する概念であり、ヒューマン・キャピタルは個人が持つ資本で、ソーシャル・キャピタルは、人と人との間に存在する資本」として説明しています。[※1] また、アメリカの政治学者ロバート・パットナムは、総じて地域により統治効果に格差があるのは、ソーシャル・キャピタルの「蓄積の違い」によるものだと指摘しています。[※2]

本文中にも記しましたが、「民度の高い市民力」の蓄積が大きな社会関係資本として、地域社会を支えているといっても過言ではないと考えています。特に京都をトレースした時に、社会関係資本の蓄積を感じる場面が、日常的な生活空間や文化行事などの折に触れて、かつ往々にしてあります。

また、実にこのソーシャル・キャピタルという概念は、ＮＰＯ活動を表現するうえで「言い得て妙」であると感じます。資金の獲得や流通から疎外されがちなこのＮＰＯにとって、この社会関係資本の概念は資金的疎外の裏返しであるかのように、有効な資本として機能していると言えます。もちろん元手（資金）がなければ持続的かつ効果的な活動につなげることは難しいですが、社会関係資本を活用してこそ「ＮＰＯがＮＰＯとしてＮＰＯらしく」活動できるのです。行政サービスも、この社会関係資本を基調としたＮＰ

Oの存在があってこそ、協働による公共施策を実施できるのではないでしょうか！

※1 ジェームズ・コールマン著、久慈利武翻訳『社会理論の基礎』青木書店、2004年
※2 田中夏子著『イタリア社会的経済の地域展開』日本経済評論社、2004年

6 どんなNPOがあるの？ その1

祇園祭ごみゼロ大作戦 伝統の祭り、民間の力で美しく

内田 香奈

もうすぐ、祇園祭ですね。美しい山鉾やコンチキチンの音色に誘われて、日本はもとより世界中から多くの観光客が訪れます。昨年の宵山・宵々山には2日間で55万人の人出がありました。屋台が並び、にぎわいを見せる一方で、大きな問題となってきたのが「ごみ」です。

宵山期間中に出るごみの量は、60トンといわれ、その減量を目指して取り組むのが「祇園祭ごみゼロ大作戦」です。２０１４年から始まったこの活動では、屋台などの飲食に使用される使い捨て容器の代わりに、リユース食器の導入を試みました。その数、約21万食分。1年目は、ごみを前年比約25％減少できました。

取組みの大きな力になっているのが、ボランティアの活躍です。延べ2千人が、約50カ所の「エコステーション」で食器とごみの回収を呼びかけ、ごみの拾い歩きなどを行います。ボランティアには、高校生から70歳代まで、京都はもちろん九州や関東などからも参加があります。留学生や会社をあげてボランティア参加する企業も増えています。運営は、協賛や寄付、助成金などの支援を得て行われています。「宵山のごみをなんとかしたい」という思いから始まった活動で、民間の力が大きな支えとなっています。

今年は、ぜひ、リユース食器を使っている屋台を選んで、宵山・宵々山を楽しんでください。そして、青

いTシャツを着たボランティアスタッフのところに、リユース食器を返しに来てください。

（2017年6月28日掲載）

補足――

祇園祭ごみゼロ大作戦は、2014年に始まった取組みです。「祇園祭のごみをなんとかしたい」という思いをもってから、その実現までに、実は14年の歳月がかかっています。しかし、14年の間、ただ時を過ごしていた訳ではありません。祇園祭のような大きなお祭りでの取組みはいきなりは難しく、またどのような方法が良いかも当初はわかりませんでした。そこで、もう少し規模の小さなイベントや地域のお祭りのごみに目を向けて、どうすればごみを減らせるかを調査し、洗って何度も使える「リユース食器」という方法をみつけました。そして、イベントなどでの導入実験を繰り返し、仕組みをつくり上げていきました。京都では、各区で行われるイベントや大学の学園祭などでの使用が始まり、町内会の行事などでも使用されるなど、広がっていきました。

14年の間には、ごみ問題や環境問題の解決にさまざまな団体が取

り組むようになっていて、祇園祭でのポイ捨てごみを拾い歩く市民団体も活動していました。ほかにも目的を共有し、それぞれに強みをもつ複数の団体が協力して活動しています。祇園祭ごみゼロ大作戦は、ＮＰＯが着実に構築してきた仕組みと、環境問題の解決に取り組む複数の団体のネットワークやそれぞれが積み重ねてきた活動の経験がうまく噛み合い、実現したのです。

この取組みを手本に、大阪天神祭でも同様の取組みが始まり、全国でも導入を検討するお祭りがあります。また、ボランティアとして参加した人たちが、職場や地域、学校などで、ごみ削減に関する取組みを始めるなど、広がりをみせています。ＮＰＯによる社会課題の解決は、時間がかかることもありますが、こうした広がりで市民一人ひとりの取組みとなっていくことにも重要性があるのです。

7 どんなNPOがあるの？ その2
京町家の保存と活用 「文化」の発信 非営利でこそ
滋野 浩毅

京都を象徴する建築物として「京町家」があります。京都市では京町家を、「昭和25年以前に伝統軸組構法で建築された木造家屋」と定義しています。

京都市内にある京町家は、現在約4万5千軒で、毎年2％ずつ減少しています。また、町家の約1割は空き家というのが現状です。

かつて京町家は、居住空間であると同時に商業空間としても機能していましたが、経済構造が変わり、住む人が高齢化してくると、維持費や相続税が重荷となり、町家を手放したり、ビル等に建て替えたりせざるを得ないのです。※1

現在、京町家に関する事業を行っているNPOはいくつかありますが、これらの団体の取組みの結果、京町家の保存・活用の機運が高まったことは事実です。

NPOが町家の保存や活用に関わる意義はどこにあるのでしょうか。近年は京都観光が活況を呈しており、町家レストランやゲストハウスが人気です。このように市場原理、すなわちビジネスを行い、その利益をもって町家を維持・活用するのも一つの方法です。しかし、京町家の建築技術の継承や景観形成、町家で生み出された生活文化の伝承といった文化的な側面を社会に訴えるには、非営利の活動が必要です。

これからは、京町家の保存・再生・活用そのものに関する事業に加え、町家を維持するためのファンドレイジング手法の開発と実践等も考えられます。いずれの事業も行政、企業との協働が決め手となりそうです。

（2017年7月12日掲載）

補足――

私は、2010年に設立したNPO法人「四条京町家」の理事として、法人解散までの約5年間、明治時代末期に建てられた築100年の京町家「四条京町家」の管理や事業運営に携わりました。

この建物はそれまで「京都市伝統産業振興館」として、行政が運営を行っていましたが、2009年度いっぱいでの撤退が決まりました。その話を聞いた利用者、愛好者たちが町家のオーナーに働きかけ、「思いを語る会」を開催し、意見交換をしたことがきっかけとなり、NPO法人「四条京町家」が立ち上がりました。

この法人が目指したのは、京町家が培ってきた京都の生活文化を発信し、後世に受け継いでいくということでした。そのために、町家のもつ公共性や文化的な側面に着目し、観光、建築、生活文化

等、京町家と深くかかわる事業を行ってきました。しかし、町家を維持していくためには莫大な費用がかかること、またオーナーの意思もあり、土地建物は売却され、取り壊されることになりました。NPOによる京町家の保存・活用の試みは、志半ばで頓挫したのです。

「四条京町家」の事例を見てもわかるように、京町家の保存と活用にあたっては、公共性と所有権との兼ね合い、税制、維持や改修費用の負担という、NPOの資源、体力だけでは解決が難しい問題があります。NPO法人「四条京町家」では、この課題を解決することはできませんでしたが、空き家の増加や民泊への転用、相続といった「新たな問題」が生じている現在、町家の保存・活用にNPOが取り組む意義はあると考えます。

※1 京都市が2008・2009年度に実施した「京町家 まちづくり調査」の追跡調査による

8 どんなNPOがあるの？ その3

災害時の支援活動 食やケア 専門性生かし細やかに

赤澤 清孝

2011年の東日本大震災や昨年の熊本地震、今月5日の福岡県と大分県を中心とする九州北部で発生した集中豪雨など、日本では近年、大規模な災害に見舞われています。こうした災害の被災者の中には、身体的、あるいは精神的な困難やさまざまな事情を抱えている人も少なくありません。普段であれば「困っているので助けてほしい」と発せても、災害時のように多くの人たちが困っている状況では「特別対応をしてほしい」とは言いづらい状況にあります。こうした状況を察し、具体的な支援の手を差し伸べるのが、普段から困りごとがある人への支援活動に取り組むNPOです。

例えば、避難所などで提供されるパンやおにぎりといった食料は、食物アレルギーのある人は食べられない場合もあります。また、「他の避難者の迷惑になるので、ペットを連れて避難所には行けない」と自家用車の中で避難生活を続けた結果、身体的負担による病気を発症する事例もありました。これらの課題に対し、NPOはアレルギー対応食の調達や配布や、ペットの一時預かりを行っています。障害者や高齢者のケアを行うNPOでは、被災地で奮闘する同業のNPOに交代で応援スタッフを派遣し、被災者と現地のNPOを支えました。

道路や橋の修復や、食事や毛布などの物資の提供といった住民全体に対する支援活動は、消防や自衛隊、自治体などが得意とするところですが、専門性を活かした細やかな支援活動はNPOならではと言えるでしょう。

（2017年7月26日掲載）

また、この他にもさまざまなNPOが平常時の活動で培った専門性やネットワークを生かして、幅広い支援活動を展開しました。国際協力NGOは、国外の紛争地域における難民キャンプ支援の活動や、2004年のスマトラ島沖地震での緊急支援、復興支援の活動の経験を生かして、避難所の運営支援に貢献。衛生的な環境づくりなどにも貢献しました。環境NGOは、原発事故の影響について海外のNGOなどからもデータの提供を受けながら市民への情報発信に努めました。自然体験活動を行うNPOは、ロッジやコテージ、研修用の宿泊施設などを一次避難施設、休養施設などとして提供したり、放射能汚染で屋外で遊べない子どもたちや、校庭に仮設住宅が建ち、思い切り身体を動かせない子どもたちのための保養や運動を目的としたキャンプの開催などに取り組んでいます。高齢者、障がい者の支援を行う施設やグループは、福祉避難所や、人手が足りない被災地のケア施設に応援要員を派遣して支えました。

さらに、全国各地のボランティアセンターは、被災地のボランティアセンターと連携し、ボランティア活動の呼びかけや、ボランティアバスツアーなどの企画運営を行い、被災地外からの多くの市民のボランティア参加につなげました。全国規模の助成財団も被災地支援の活動募金の受付や、特別助成プログラムを創設するなどして、復興支援に取り組む市民の活動を後押ししました。

このような災害時の支援活動の成果は、阪神・淡路大震災やNPO法の施行などを経て日本のNPOがさまざまな分野で専門を高めてきたこと、ネットワークを築いてきたことを示すものであったとも言えるでしょう。

9 どんなNPOがあるの？ その4

協働つむぐお寺の実践 開かれた、地域の拠点に

梶田 真章

私がお預かりしている法然院は、大文字山の西側に連なる善気山を境内とし「寺は開かれた共同体でなければならない」との先代住職の遺志を継ぎ、環境学習を行う森の教室や主に小学生が生き物観察や合宿を行う森の子クラブの活動を続けています。1993年に境内に建てた共生き堂（法然院森のセンター）は、森の教室や森の子クラブを運営するNPO「フィールドソサイエティー」の活動拠点となっています。

森の教室の活動が知られると、寺が開かれた集いの場を志向していることも伝わり、皆様のお申し出により個展、音楽会、シンポジウム等が開かれるようになって、現在では法事以外に年間100以上の催しがあります。

日本の寺は主に法事という先祖教の儀式を執り行い、家族・家の絆を培う場所として今日まで存続してきました。しかし寺という共同体（サンガ）には、特定の方との愛と絆だけではなく、その出会いが一瞬の御縁であっても、できるだけのことをできる限り実践する慈悲の心を育むという大切な役割があります。

2011年の東日本大震災以降、毎年5月上旬と11月下旬に、当初は1週間、近年は3日間、御縁のある方々が音楽会などを開き、参加者の志納金を被災者を支援している団体に送る「悲願会」を勤めています。7万以上もある寺は、地域に応じてNPO活動の拠点となる可能性があります。新たな市民活動の企画を練って地域の寺をお訪ね下さい。

（2017年8月9日掲載）

補足――

全国に7万以上を数える寺は、葬儀や法事などの先祖教の儀式を執り行い、神社と同様の現世利益を求める方には加持祈祷（かじきとう）を行い、伝統美を享受したい方には観光地となり、霊園を管理し、近隣の住民に駐車場を提供し、幼稚園や保育園を経営して幼児教育に携わり、近年は介護施設を運営するなどして維持されてきました。

日本人が「家のために」「地域のために」と暮らしていた四、五十年前までは家の宗教を寺が担い、地域の宗教を神社が担当し、寺社は一定の社会的役割を果たしていました。高度経済成長以降は「自分のために」「家族のために」暮らす方が増え、寺は改めて個人の心の拠り所となれるかが問われています。私も1年間に150~200回の法話を行い、一人でも多くの方が寺で改めて佛教と出合っていただきたいと願って活動しています。

近年、寺を拠点としたNPO活動が各地で拡がりを見せています。中でも寺へのさまざまな「おそなえ」を仏さまからの「おさがり」として頂戴し、子どもをサポートする支援団体の協力の下、経済的に困難な状況にあるご家庭へ「おすそわけ」する2014年に

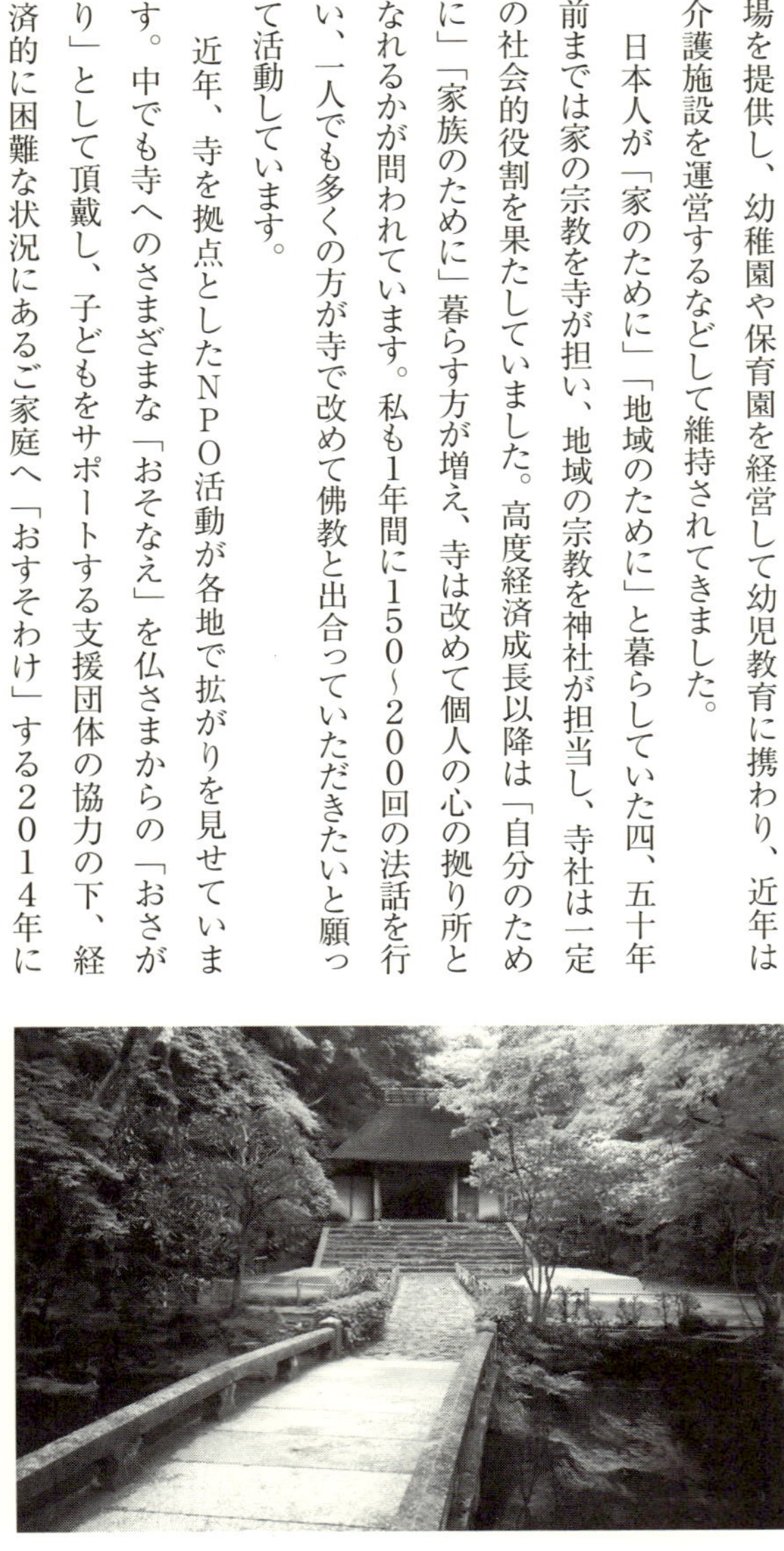

始まった「おてらおやつクラブ」の活動には、２０１８年４月現在、８３６寺院と３５１団体が参加され、ますます参加寺院が増え続けています。行政の支援が充分でなく社会から取り残されそうな方々の支えとなる活動拠点になる可能性がある寺を市民の皆様方のお力で目覚めさせていただき、寺が現代に相応しい社会的役割が果たせることを願っています。　合掌

10

どんなNPOがあるの？ その5

ヒューマンサービスの実現　関係性の病理 克服支援に役割

中村 正

私たちはいろんな生きづらさを抱えて生きています。その自己流の解決に問題行動や逸脱した行動が選択される場合があります。時には法に触れる行動もあります。違法な薬物を使う人たち、性の問題行動を繰り返す人たちです。暴力を振るう場合もあります。それは家族や友人、恋人などの身近な人に向かいます。DV、虐待、体罰です。ギャンブルのやり過ぎやアルコールの摂り過ぎによる問題もあります。インターネットやゲームへの依存の問題をもつ人たちもいます。こうした行動は、繰り返され、長期にわたります。癖になるという特徴もあり、アディクション（依存症）となります。ものや行動、関係性に依存するのです。

その方々が直面している人生上の課題の「自分なりの問題解決」として選択された行動ですが、いつの間にかそうした行動に囚われていくようになります。被害が生じ、人間関係にひびが入り、生活の困難が生じると支援が必要となります。その背景には社会的な孤立があり、感情的な寂しさがあるとされています。関係性の病理ともいえます。

依存症となった人の問題の克服は一人では困難なことが多く、自助グループなど、同じ課題をもつ人たち同士による支え合いが奏功することがあります。当事者グループ活動です。さらに医療・福祉の分野のヒューマンサービス、たとえば子育て支援、介護問題支援、自死の防止相談、暴力被害の相談、脱暴力に向けたカウンセリングの提供などもあり、NPOは固有の役割を有しています。

（2017年8月23日掲載）

補足――――

社会福祉、精神保健、更生保護、心理臨床、地域福祉などは広くヒューマンサービスとして包括できます。人間の生命や生活にかかわることなので公的な保障（公助）が必要不可欠となります。その上で、共助の領域が豊かに展開されてもいます。公助では手が回らないあるいは公助を活性化させたりするために共助が存在しています。特に当事者や家族の活動が活発です。個人としての幸福の実現が基本的人権の観点からは重視されるべきです。だから私助として家族に依存している部分を共に支える領域に開いていくことが重要となります。少子高齢社会なので家族に依存したヒューマンサービスでは限界があります。ここで民間の非営利活動が活躍し、期待もされています。

私的な助力や家族に依存していると社会的孤立が深まり、ひとりぼっちな社会へと衰退していきます。「関係性の病理」が進行していきます。多様なニーズを抱えた人たちの地域生活を豊かにしていくことにＮＰＯは力を発揮します。たとえば、自死の予防に関する相談活動、薬物依存症者の回復のためのリハビリテーション、子どもの社会的養育を支える民間活動、非行少年の立ち直りを支援する元当事者や学生ボランティア、認知症の方がいる家族の活動、難病の当事者グループ、ＬＧＢＴ-Ｑの人たちの性的自由を目指す活動、アルコール問題に対応する当事者組織や家族会、子ども虐待の背景にある子育てへの支援などが京都でも活発です。こうしたヒューマンサービス分野のＮＰＯは、私助の限界を見据え、よりよい公助を展望する共助の活動として現代社会ではますますその存在感を高めています。

11　ＮＰＯのコンプライアンスって何ですか？　信頼のため守るべき法令、倫理

平尾　剛之

近年、企業や民間団体において、法令順守といったコンプライアンスの徹底が厳しく問われています。これはＮＰＯにとっても同じで、さまざまな法律・規則などに従い適切な運営体制を整えていく必要があります。特定非営利活動法人（通称ＮＰＯ法人）の場合は、特定非営利活動促進法（通称ＮＰＯ法）が根拠法となり、その法律に基づいて各団体が作成した定款に沿って運営を行わなければいけません。また、広義には社会規範や倫理、道徳などもコンプライアンスに含まれています。

ＮＰＯであっても、人を雇用する場合は、労働法や就業規則の順守、最低福利厚生として社会保険制度（医療・年金・介護・雇用・労災）への加入対応が必要です。年に一度、従業員に対して健康診断を受診させることも義務づけられています。ボランティアではない以上、最低賃金・休日出勤・残業手当なども根拠法に基づいた対応をしなければなりません。

もともと組織力や資本力の弱いＮＰＯにとって、しっかりと関連法令を把握し、準拠した運営を行うことは容易ではありません。知らず知らずのうちに法律や規則に定める内容に反した状態になることもあります。法務局に必要な登記ができておらず過料（行政が課す金銭罰）に処せられるケースなどもよく聞きます。社会課題の解決に向けて、どれだけ事業への取組みやその成果に尽力したとしても、別の側面から信

頼を失っていくようでは本末転倒となります。関連法令や組織の見直しを適宜行い、より社会から信頼される組織づくりが望まれます。

（２０１７年９月13日掲載）

補足――――

　コンプライアンス（compliance）を周知・徹底するためには、まず当該組織を運営するうえで、必要となる法律・法令を調べ、把握しなければなりません。法律・法令だけではなく、組織のルールブックである定款や規程・規則・細則・マニュアルなども対象になります。同じＮＰＯ法人であっても、運営および事業内容の違いから、関連する法律・法令も違ってきます。法律・法令は、改正される場合もありますので、担当者や委員会を設定し、その都度改正ポイントの説明会への参加や内容を組織内で共有および周知する取組みが必要となります。その他、組織を運営するうえでは、個人情報保護規程および保護方針、文書管理規程（保管・保存・破棄）や情報開示規程、電子データ取扱い規程、小口現金管理規程などの整備も必要でしょう。

　関連法令の把握状況や法令に沿った運営の実施は、執行責任を背負っている理事会が率先して行うべきであり、規程などの策定は、理事会または総会などにおいて組織的に意思決定される必要があります。また、理事会への出席などによる適切な執行状況の評価・確認は、監事の重要な仕事でもあり、杜撰（ずさん）な運営を行っていると、問題が発生した場合に善管注意義務違反を問われることになします。コンプライアンスはリスクマネジメント（risk management）と密接な関係にあると言えます。

12　ＮＰＯって何でしたか？　豊かな社会へ「新たな価値」を

平尾　剛之

これまで、「ＮＰＯって何ですか？」から始めて、政府や企業と対比した民間の非営利組織である▽利益を構成員で分配しない非分配の原則がある▽組織ミッション（目的・使命）の達成を優先した活動を行っている▽さまざまな課題に対して行政とは一線を画した民間の立場で公共・公益性の高い公正（フェアネス）な活動を大切にしている―などの特徴を挙げて説明してきました。今回は、もう一つ大きな特徴を紹介しておきます。それは「新しい価値、もう一つの価値を創造すること」です。

かつて夫婦げんかと認識されていたことが、近親者からの暴力（傷害）であり、加害者から隔離・保護するという民間の活動が社会に認知されるようになって、通称ＤＶ防止法が制定されました。加害者を、罰を受けるだけでない、再犯防止へのカウンセリング対象者と受け止めて、救済の場が民間の活動の中で提供されるようになりました。不登校の問題を民間のフリースクールが支援することによって、「もう一つの学校」として、広く認められるようになりました。

「ＮＰＯって何でしたか？」それは、いまだ解決されない、または問題として認識されていない課題に対して、「ほっとけない」という思いで始める、市民が主体となった活動であり、豊かな社会づくりを目指す民意の総称なのです。

（２０１７年９月27日掲載）

補足――

ＮＰＯの台頭以降、「社会福祉の増進、地域福祉の向上」といった、社会的なボトムアップ・インフラの向上を願うフレーズに加え、「豊かな市民社会の創造、持続可能な社会、多様性を尊重できる社会」など、すべての人を包摂した民意の展望を表出するようなキャッチフレーズも使われるようになってきました。財政的にも政策的にも限界にある行政改革において、専ら官が担ってきた公共サービスは、「官＋民」での構図に転換されつつあります。ＮＰＯはもともと、行政のように画一的なサービスを提供する主体ではありません。ＮＰＯは、多様な価値観を認め合う多様性の象徴でもあり、ＮＰＯが提唱・提供するサービスは、いかに「あってもいい違い」を選択するかということになり、「違いがない方が望ましい」サービスを提供する行政とは基本的に違うのです。

基礎編の「ＮＰＯとは何か」から書き始めて、発展編ではＮＰＯの特性を特徴的に取り上げてきました。しかし、社会はＮＰＯの存在意義や価値を正当に理解し評価できているのでしょうか。逆に、「もしＮＰＯがなかったら」と想像すると、これまで普通にあったものがなくなり、普通にできていたことができなくなるのではないかと、生きづらさを感じることになります。社会への情報発信力を高めることは大切ですが、同時に社会の受信力を醸成し、活動者を増やす以上に、理解者（支援者）を増やさなければ「ＮＰＯとは何か」の問いには永遠に答えることはできないのかもしれません。

展望編

1 NPOは社会の動きに敏感？ 支援を受け未来展望する活動を

平尾 剛之

常に活動資金の獲得に苦慮しているNPOにとって、資金の提供（助成）や運営ノウハウの支援を行う専門機関の存在は大変ありがたいものです。企業財団や企業のCSR（企業の社会的責任）部門、行政の補助（助成）金やプロボノ（職業上の専門性を生かして社会貢献する活動）制度、中には税金と民間資金を合わせて運用されるコミュニティ支援基金などもあります。支援内容は事業活動だけではなく、団体の組織基盤の強化に向けたものもあります。通常、助成を受けるには申請が必要で、年に一度、一定の募集期間を設けて受け付けられます。助成機関が設置する第三者による選考委員会や審査会での審査・選考を経て採択されます。申請要件として法人格の有無や種別が問われる場合もあります。

審査は、▽先見性▽独自性▽地域性▽波及性▽発展性などの視点から選考される場合が多く、継続して行っている事業よりはむしろ、団体の設立期やこれから必要となるであろう未来を展望するような事業に対して支援が行われる傾向が強くみられます。

NPOが取り組む事業の中には、行政のように税金による継続性・平等性・安定性のあるサービス提供とは違う視点から、民間による支援を受けて取り組む方が望ましく適しているものもあります。どの支援機関もその年度ごとに助成をしている団体や事業内容をホームページなどで公開しています。ぜひ一度ホームページを閲覧してください。助成採択されている団体や事業の内容から社会の趨勢を垣間見ることができます。

（２０１７年10月25日掲載）

補足――

社会課題の中には、これまで課題であると声を上げることができなかったものから、時代の変遷とともに新たに生まれ出てきた課題もあります。また、ある人にとっては課題であっても、ある人にとっては課題ではない場合や、同じ課題でも人によって捉え方が違う場合もあります。子育てや教育の問題は一様ではないはずです。多様な状況が想定される中で、政策的・財源的根拠がなくても、「ほっとけない」という思いからそれぞれの立場で課題に着手することができるのがＮＰＯであり、常に感度の高いセンサーをもって社会的な責任を自ら進んで背負おうとしています。社会的責任（Social Responsibility）は、社会に対して反応（response）できる能力（ability）であり、社会の最前線で声なき声に対して、未来志向で課題に対応しようとしているのです。

この政策的・財源的根拠のない利他的な活動に対して、支援というカタチで反応しているのが民間の助成機関です。もちろん民間である以上、それぞれの助成機関ごとに支援の目的や思い、制度は異なります。ＮＰＯ側も「良いことをしているから」支援を受けられるのではなく、助成側の思いや戦略、実現プロセス、到達成果などを共有する必要があります。中でもＮＰＯに対する助成財団は助成のプロです。しっかり対話をすることがなによりも適切な支援を受ける近道となります。

2　北部地域の課題解決の担い手はだれ？　総合的包括する団体と連携を

杉岡　秀紀

京都府の北部地域は5市2町の7市町で構成され、「海の京都」「森の京都」と呼ばれています。自然資源が豊かなまちであるだけでなく、近年では京都縦貫自動車道が全面開通し交通面でも大変便利になりました。

一方、人口急減と高齢者対策はもう待ったなしのところまで来ています。２０１５年の国勢調査では、５年前に比べ７市町全体で1万４７２５人減少し、いよいよ30万人を切りました。

「課題は無限、資源は有限」との言葉がありますが、人口が減少し、高齢化が進むと、当然のことながら、人的資源は先細りとなり、地域の「ほっとけない」課題は増えてきます。では、その課題解決のためのＮＰＯ法人はどれだけあるのでしょうか。

実は北部地域のＮＰＯ法人数は、１１５団体しかありません。府全体の総数が１３５３団体ですので、１割にも満たない数です。

しかし、当然のことながら、ＮＰＯ法人だけが課題解決のための団体ではありません。自治会・町内会、公民館活動はもとより、近年、「○○地域協議会」といった地域を総合的に包摂する連携団体がこうした地域課題に真摯（しんし）に向き合っているのです。私が教鞭（きょうべん）をとっている福知山公立大学でも昨年、旧三和町、旧夜久野町、旧大江町の地域協議会と協定を結び、課題解決に奮闘しています。
今後は地域を総合的に包摂する連携団体と、テーマ型の課題解決にたけたＮＰＯ、特に中間支援を担うＮＰＯがどのように連携するかが、次の展望に向けた大きな鍵であり、挑戦になりそうです。

（2017年11月8日掲載）

補足――

ところで「地方創生」のルーツとなった増田レポートでは、この北部地域についてはどのような言及がなされたかご存知でしょうか。結論を先取れば、北部地域の自治体では5市2町のうちの3市2町がノミネートされました。すなわち、府全域では26市町村のうちの13市町村ということで半分の割合でしたが、北部地域に限っては7割の自治体が消滅の可能性ありとされたのです。確かに北部地域の高齢化は深刻で、平成28年度の府の統計によれば、丹後地域の高齢化率は35・3％、中丹地域は30・7％となっています。この数値が高いか低いかは、京都府の平均が28・5％、京都市が27・1％であることを踏まえれば、一目瞭然でしょう。

しかし、人口問題も住民基本台帳ではなく「本籍地人口」に目を向けてみると、また違う一面が見えてきます。例えば与謝野町は人口

2万2215人（2018年1月末現在）ですが、本籍地人口は3万1083人います。すなわち出身だったり、母校があったり、家族の家やお墓がある、といったいわゆる現在住んでいなくとも地域に思いを馳せる「関係人口」に目を向ければまた違った景色が見えてくるのです。言うまでもなく、このような関係人口による、特産品購入、ふるさと納税による寄付、ボランティア、二地域居住などの取組みが増えれば、近い将来「逆参勤交代」とも言うべき現象が起きるかもしれません。つまり、人口急減が進むまちは課題先進地である分、課題解決先進地にもなり得ます。今後はますますピンチをチャンスに変える逆転の発想が期待されます。

3　海外から見た日本の市民活動って？　国籍・住所によらず 担い手に

山口 洋典

大学に教員として籍を置きながら、学外研究制度を利用して、デンマークで1年間暮らしています。1974年の設立以来、全学部でPBL（問題解決学習）を導入しているオールボー大学で、実社会と接続した大学教育のあり方を研究しています。公用語はデンマーク語ですが、大都市では概ね英語でのやりとりができます。一方で、改めて日本語での表現にも関心が向きます。

市民活動という表現も、思えば不思議な言い方です。市民とは、国籍がある（国民）、住んでいる（住民）、その区別にかかわらず「市井の民」という意味です。人々が暮らす場所には井戸があって市場ができるから市井という言葉が成り立ったそうで、巷（ちまた）と同義と辞書にあります。ちなみに民とは神と対置される概念で、一般の人々を意味します。

言葉をひもとくと、市民活動とは普段の暮らしの中で一般の人々が行う活動です。例えば、ごみを拾うという活動は、人と出会ったらあいさつをするのと同じ水準で、何気ない行為です。しかし、「祇園祭ごみゼロ大作戦」のように、大規模に呼びかけて問題の解決に向けたムーブメントを起こす活動もあります。

いざ、海外に出て見てみると、日本の市民活動は、何か特別に行う活動になっているように思われます。国籍によらず、住む場所によらず、そのまちに関わる人が、そのまちの魅力を高める担い手となって始め、続けるのが市民活動の醍醐味です。今一度、井戸端談義から市民活動を展望してみてはいかがでしょうか?

（2017年11月22日掲載）

補足——

加えて、海外から日本の市民活動を見つめ直すと、多くの人たちが海外の事例をうまく取り入れていることにも気づきます。実際、市民活動だけでなく、現代の日本では社会的な問題を取り扱う際にカタカナやアルファベットが多く用いられています。そもそもグローバルな時代の象徴として、新たな概念の浸透のためには必然なのでしょう。

2001年刊行の『京都発NPO最前線』で、私はボランティア学習やインターンシップを通した地域と大学との協働によるNPO人材養成の意義を記しました。特に米国での歴史や現状を踏まえ、雇用市場として成熟のための仕組みと仕掛けをつくっていくことが大切と訴えました。あれから17年、そうした実践は各地で展開されるようになっています。

ただ、日本にボランティア学習やインターンシップが浸透する中、制度

化と手段の目的化の傾向が強くなっているように感じています。例えば、ボランティア休暇制度の導入、また就職活動での自己アピールへの活用、などです。その結果、ボランティアやインターンは、何かのプログラムに参加してするものになっていないか、ということです。

今一度、日々の仕事や暮らしと市民活動の世界で語られるカタカナの世界とを接続していってみることも大切でしょう。柳父章『翻訳語成立事情』（１９８２年・岩波書店）ではsocietyを「社会」と訳した背景が詳しく述べられています。一度、井戸端会議で「市民活動カタカナ語成立事情」を語り合うのも面白いかもしれません。

4　政治とNPOって関係ありですか？　「協働型社会」へ深く関係

富野暉一郎

ありです！　というより21世紀になってますます関係が深くなってきています。社会をある方向に向けて行こうとすること、社会の課題を解決する仕組みや事業を提案し実現すること、それが広い意味の政治です。規模ややり方が違っても、「社会の課題を解決し公益を増進させる」という一点では政府も、NPOも、そして企業も政治に関係しています。特に環境問題や難民問題、そして地域社会の再生問題など、政府だけでは解決できず、市民や企業も政府と対等な関係で社会問題に取り組む「協働型社会」への転換という社会変革が求められる21世紀、NPOはその変革の主要な担い手となっています。

それなのに、なぜいまだにNPOは政治に関係して良いのか？という議論がNPO・政府の双方から出てくるのでしょうか。市民やNPOは、憲法で規定された基本的人権である思想信条の自由や表現の自由など政治的な活動に関わる自由を保障されています。また、さまざまな課題に直面する現代社会の変革に積極的に関わることが求められています。その一方で、NPO法の対象となるNPO法人は、特定のイデオロギーを主張したり、特定の政党や政治家の支援を目的とした活動をすることなどには一定の制限があります。どうやら日本では、このNPO法人が政治に関わることと、政治への関わり方とがはっきりと区別できていないのではないでしょうか。

「政治には積極的に関わろう、でもNPO法人は政治への関わり方に注意しよう」ということですね。

（２０１８年１月24日掲載）

補足――

　さて、それではＮＰＯによる政治や行政への望ましい関わり方はどこから見えてくるのでしょうか。日本では、政治は私たちの日常の生活とは違う世界だという感覚が強く、ＮＰＯ側では社会の課題の解決のため行政や政党と協働することは、利用されるだけで主体性を失いかねないという警戒感が強いようです。また政治・行政の側でも、市民を動員したりＮＰＯなどの市民組織を安上がりの下請けとして利用する意識が根強く残っています。

　たとえば、行政が企業に委託をする場合には、前払いなどの支払い条件や、事務所の維持費などの一般管理費は必ず契約に入っていますが、行政とＮＰＯとの契約ではそのようなことは一般的ではありません。その結果ＮＰＯは実質的に安上がりの二次下請け事業者以下の扱いを受け、多くのＮＰＯがブラック企業並みの条件での経営を強いられて、強い体質をもったＮＰＯがなかなか育たないのです。

　この状況を改善するためには、難民問題や開発問題で政府と協働している国際ＮＧＯの事例が参考になります。国際ＮＧＯのミッションと能力が政府の国際公約の履行に必要だという条件があるにせよ、国際ＮＧＯの活動を支援するために、政府は国内のＮＰＯとは異なる適正な財政措置を用意し、その結果、日本の国際ＮＧＯの活動は国際社会で高い評価を受けています。

　政府の力だけでは解決できない課題が山積している現代社会では、政治とＮＰＯが警戒と利用の関係から、施策を共有する関係に転換するために、契約の改革によるＮＰＯの強化が求められているのです。

5　寄付が目指す社会とは？　一人ひとりが考え「公益」担う

内田　香奈

これからの社会で、寄付はどのような意味を持つのでしょうか。

これまでの「公益」は、行政により実現されてきました。しかし、行政だけでは対応しきれない多様な課題が現れ、それを解決する公益の担い手としてのＮＰＯが活動するようになりました。公益を実現するための財源は、行政にとっては税金ですが、ＮＰＯにとっては寄付が重要になります。

私たちの社会は、公益を実現する財源が税金のみだったところから、税金と寄付という二つの財源を持つ社会へと変わりつつあります。税金は市民にとっての義務ですが、その使い道の決定は行政に委ねることになります。例えば「教育に使ってほしい」と指定することはできません。

一方、寄付は任意ですが、市民一人ひとりが自らの意思や関心に応じたＮＰＯを選ぶことで、その使い道を決めることができるとも言えます。ある人は環境ＮＰＯに、ある人は子どもの教育に関するＮＰＯに寄付をするかもしれません。

社会のためのお金の使い道を行政だけが考えていた時代から、一人ひとりが考える社会への変化でもあるのです。

また、寄付はお金だけとは限りません。活動に必要な物品や場所を提供することも寄付ですし、ボランティアとしての参加はその時間や労力を寄付していることになります。ボランティア活動も含め、「寄付をする」ということは、社会課題の解決に向けて市民一人ひとりがその解決の一端を積極的に担うということであり、よりよい社会のなかで暮らしていく権利を自ら守ることでもあるのです。（2018年2月28日掲載）

補足――

ＮＰＯにとっての寄付は、使途を制限されずに団体が目指すことのために使える自由度の高い資金として、とても大切です。ＮＰＯの活動は、それまで社会が認識していなかった課題を明らかにした時や、その解決のために取り組み始めた時に大きく取り上げられる傾向があり、その時期には寄付や支援も集まりやすくなります。しかし、ＮＰＯが取り組む地域や社会の課題解決は、決して一朝一夕でかなうものではなく、長期にわたります。課題解決に向けて踏み出す最初の一歩への支援は、大変ありがたいものです。でも、大変なのはそこから課題解決に向けて、必要な活動を続けていけるかどうかなのです。その過程を継続的に支えてもらうことで、課題の解決に到達することができるのです。

寄付つき商品は、バリエーションも購入機会も増えています。また寄付をした際の税制優遇の制度も整いました。寄付を一度きりのことにせず、イベント参加や情報のシェア、ボランティア参加なども含めて、ぜひ継続的に応援してください。

6 コミュニティラジオの役割って？ 生活役立つ情報 双方向発信

深尾 昌峰

日本のコミュニティ放送は、1992年に制度化された放送制度です。現在、総務省からコミュニティ放送の免許の交付を受けている放送局は1月1日現在で315局にのぼり、通称「コミュニティFM」と呼ばれ、各地で特色ある放送を続けています。

京都ではNPOが設立した放送局として初めて免許を取得し、放送を開始した「京都三条ラジオカフェ」をはじめ宇治、京都市伏見区、北区、綾部、福知山、京丹後、舞鶴で放送が行われています。

コミュニティFMで最近よく注目されるのが災害時に果たす役割です。東北や熊本等での震災時には、臨時災害放送局として生活に身近な情報発信を実施し高い評価を得ました。

大手のメディアは発災直後には大量の情報を発信しますが、時間が経てばそれらは影を潜めます。そんな中、生活の立て直しを図る住民に役に立つ情報を双方向の関係性を持って発信できるコミュニティFMは住民にとって貴重なツールとなりました。

ただ、災害時のためだけにコミュニティFMは存在しているのではありません。私は多様な人々が日常の生活の中で、情報を発信できるインフラとして、そしてまちづくりのハブとして存在していると考えています。日常から情報やネットワークの交差点になることが、結果として災害時にも活きるのです。

京都三条ラジオカフェでは、月に約１００もの番組が市民によって制作され放送されています。インターネットで誰もが情報を発信できる時代になりました。だからこそ、今一度、コミュニティラジオの役割を見つめ直したいものです。

（２０１８年３月14日掲載）

補足——

コミュニティＦＭも含めて「市民メディア」とよばれる市民主体のメディアづくりはインターネット環境の発達で大きく変容してきています。例えば、スマホ端末を活用すればだれもが簡単に映像などを発信できる時代になりました。情報の発信側、受信側の境界線がなくなり、私たちの生活や行動は大きく変化しました。このようにインターネットをはじめとする「通信」の分野で大きな進化が起こっている中で、「放送」のあり方も社会的に見直していく時期なのかもしれません。

日本は政府が直接放送免許を管理しているという稀有な制度設計をしています。政権とマスメディアの距離が問題視されることも増えてきました。そういった意味でも市民メディアの動きが、健全な民主主義を展望していくうえでも重要な役割を果たしていくことを期待していきたいと思います。言い換えるならば、まちづくりの中核的な役割を担うことに加えて、こういった大きな構図をとらえ、コミュニティＦＭが果たす役割を展望していく必要を強く感じます。

一方で「デジタルネイティブ世代」といわれる若者たちがどんどん社会に出ていきます。ＡＩやＩＯＴなど市民的メディアの融合、シェアリングエコノミーとの親和性などこれまでとは違った融合により新しい意味合いが生まれ続けるでしょう。それらを活用した未来は楽しみであります。当然、メディアリテラシーも進化していく必要はありますが、市民が自由に発信できる環境や社会が、新たな価値創造をもたらすことを期待していきたいと思います。

7　市民活動する人もしない人も同じ？　ともに地域の一員 豊かな社会を

平尾　剛之

かつて、社会にあるさまざまな課題に対して「なんとかする」責任は行政が一手に担い、市民は「おまかせ」「おねだり」する側として行政に依存してきました。近年、税収減による財源不足や多様な課題に対する行政対応の限界など、財政的・政策的側面からも市民が協働で、さらには主体的に公益・公共的な活動を担うことの重要性が認識されるようになってきました。しかし、目の前にある困りごとに対して「ほっとけない」という思いで、自発的に行われるこの利他的で自己犠牲を伴う活動に対して、自分とは関係のない特別な人が行う奇特な行為、時には偽善的で奇異な行為と捉える人もいます。

ドイツ出身の社会学者ゲオルク・ジンメルは著書の中で「排除されていない者は包括されている」と述べています。いじめ問題で傍観的な立場をとる人は、いじめている側に包括されている。つまり、この市民活動に対して無関心で何もしない人は、本質的な価値を理解しようとせずに批判的で嘲笑している人と同じ側にいることを示唆しているのです。逆に、貧困や介護、食の安全や環境問題など、さまざまな課題に対する取組みの成果は、活動するしないに関わらず、誰しもが等しく無償でその恩恵の中に包摂されています。

すべての人が市民活動に参加することは難しいかもしれません。しかし、活動しない（できない）人も常に関心をもち応援側になることで、活動する人とともに同じ地域の一員として、豊かな市民社会を展望できるのではないでしょうか。

（２０１８年3月28日掲載）

補足――

行政が提供する公共サービスの財源が税金（tax）であることは言うまでもありません。そのサービスは誰しもが等しくその施策の中に包摂されており、そこで給与をもらって働いている人がいても何ら不思議に感じる人はいないでしょう。ＮＰＯが取り組む公益的な活動の成果もまた「誰しもが等しく無償でその恩恵の中に包摂されている」と述べました。

ここで問題なのは、誰がその対価を負担しているかということです。成果の享受に対して、対価を支払わずに、ただ乗り（フリーライド free ride）している状態がＮＰＯを疲弊させています。もちろんフリーライドは、意識的に行われている訳ではありません。社会的な構造の中で、税金以外で直接対価を求められることはなく、寄付など、かなり高い意識をもって行動しない限り、対価を支払う思考やシステム、機会から大多数の受益者自身も疎外されているのです。

ここ20年間で、日本社会は「阪神・淡路大震災」「新潟県中越地震」「東日本大震災」などの大震災をはじめ過去にあまり経験したことのない大雨や台風による水害など、未曾有の自然災害にさらされてきました。しかし、そのたびに感じることは、行政の役割や責任を問うだけではなく、自分たちで自らお金を出し合い、行動し、支え合うことの重要性を理解し、秩序をもって活動できる国民であることを、国内外を問わず確認できたことです。税金だけでは足りないこと、行政だけではなし得ないことを瞬時に判断し、行動を起こすことができたのです。

ではなぜ、通常の社会課題に対しては同様の判断ができにくいのでしょうか。現在、ＮＰＯが活躍している場面の中には、本来行政が行っている、もしくは行政が行うべき政策課題の範疇で、ＮＰＯは勝手に活動していると判断されているものがあります。

逆に言えばそれは、行政に対する信頼性の高さの証であり、優秀な行政システムの成果の証なのです。本章では、折に触れて、ＮＰＯと行政の協働、ＮＰＯと行政の役割の違い、ＮＰＯの存在意義や活躍について述べてきました。また、活動する人もしない人も適切な理解のもとにそれぞれの立場・状況にあったスタンスを取って関わることで、同じ社会を展望できる可能性も示唆しました。

ＮＰＯと行政の関係はどうあるべきなのでしょうか。仏教用語に「雨安居（うあんご）」というものがあります。「ブッダと弟子たちが旅の途中、土砂降りの雨で道も水であふれかえって足下が見えなくなる。そんな時に歩きまわれば、知らぬ間に虫を踏み殺すかもしれない。それを分かって歩きまわればそれは『故意の殺生』ということになる。だからその期間は、ひと所に留まり動かない」という意味で「雨安居」と言うそうです。

言い換えれば、巨額な税金を使って公共サービスを提供している行政の陰で、どんなにＮＰＯが活動しても社会からは成果が見えにくいのです。もし行政が本当にＮＰＯなど民間活動の成長や協働を願うのであれば、その存在・価値・特性・現状・資金の流れ・運営環境を想定したうえで、施策の展開を行うべきです。

NPOの活動フィールドで行政が前に出すぎると、知らず知らずのうちにその成果を異質なものに変えてしまうか踏みつぶしてしますことになります。

よく行政の人にも、「NPOの人はどうやって食べている（収入を得ている、生活費を稼いでいる）のですか？」と聞かれることがあります。おおよそ、趣味、熱意、ボランティアの範囲を超えて、仕事として活動している姿は見えるのに、その収入源やお金の流れがまったく見えない、想像できないからです。

この問いに関しての答えは簡単です。「貴方が想像できないのだから、そのぐらい厳しい状況で頑張っている」と。

施策の中身やNPOとの事業相性をよく検討をしないまま、一方的に行政の見解とスキームだけでNPOに担わせようとする場面を見受けます。巨大な権力や巨額な税金を背景に、積極的にNPOを消耗品のように使おうとするのであれば、それは『故意の殺生』であり、特に意図せず結果を見通すことなく無策のまま使おうとしたのであれば、それは『未必の故意』ということになります。

時として、行政は「協働」という甘い言葉をぶら下げて、NPOや市民活動、民間力を理解しているかのような顔をして近づいてきます。

そんな時はいつも某ドラマの名言を思い出します。「敵は味方のふりをする」と。

第II部

特別寄稿

新しい価値創造の旗手
——ソーシャル・デザイナーズ

1　祭りも街も美しく　祇園祭ごみゼロ大作戦

内田　香奈

祇園祭ごみゼロ大作戦（以下、大作戦）については、前章でも触れましたが、もう少し詳しくご紹介したいと思います。

大作戦の特徴の一つは、その実施体制にあります。複数のＮＰＯと複数の企業、そして行政（京都市）の三者が協働して事業に取り組んでいることです。ＮＰＯでは、ごみ減量のための取組みを実践している団体、環境分野の中間支援団体、分野を限らないＮＰＯの中間支援団体などが連携しています。これらＮＰＯが、ごみゼロというビジョンを示してそのためのツールやノウハウを提供しています。企業では、京都市のごみ回収を行う廃棄物処理事業者の組合である京都環境事業協同組合、そして祇園祭の際に出店する露店を統括している五条露店商組合が参画しています。この2つの組合の参画を得られたことが、大作戦が実現する大きな要因でした。この他にも多くの企業がその資源（資金・場所・人）を提供しています。具体的には活動資金の寄付や協賛、あるいは活動拠点の提供を受けています。大作戦の運営費用のおよそ3分の2は、こうした民間からの支援によるものです。そして、多くの社員のみなさんがボランティアとしても参加しています。

京都市からは、運営費用のおよそ3分の1にあたる額を補助金として受け取っています。特徴的なのは、単独の部署のみの関わりではなく、8局12課がなんらかの形で、大作戦と連携していることです。例えば、地域とのコミュニケーションや取組みの広報、あるいは活動場所の提供など、さまざまな形で関わっています。加えて、市役所内で大作戦へのボランティア参加の呼びかけがあり、例年１００人以上の行政職員が業務ではなく、ボランティアとして、参加していることも特筆すべきことと言えます。これらは行政の取組み例としても異例のものです。また、行政は、条例などに代表される行政ならではの権限をもっています。大作戦が成果を上げるために、そうした権限を活用したサポートも行っています。

ごみの問題は、日常的には行政主導での回収や処理が行われ、それらの費用は税金で賄われてきました。さまざまなごみ減量の取組みが行われて、削減効果も現れてはいますが、焼却施設の維持管理を始めとして、費用の面からもさらなる削減が必要とされています。

行政のみが行って来た事業が、行政単独で実施することの困難さが指摘されるようになってきました。ごみ問題もその一つで、このまま行政のみが担っていくべきことであるかどうか、改めて考える必要があります。

こうした観点から、大作戦は、行政のみに依存するのではなく、民間の力で課題を解決するような体制をとってきました。また、毎年延べ２２００人にものぼるボランティア・スタッフは、大作戦の

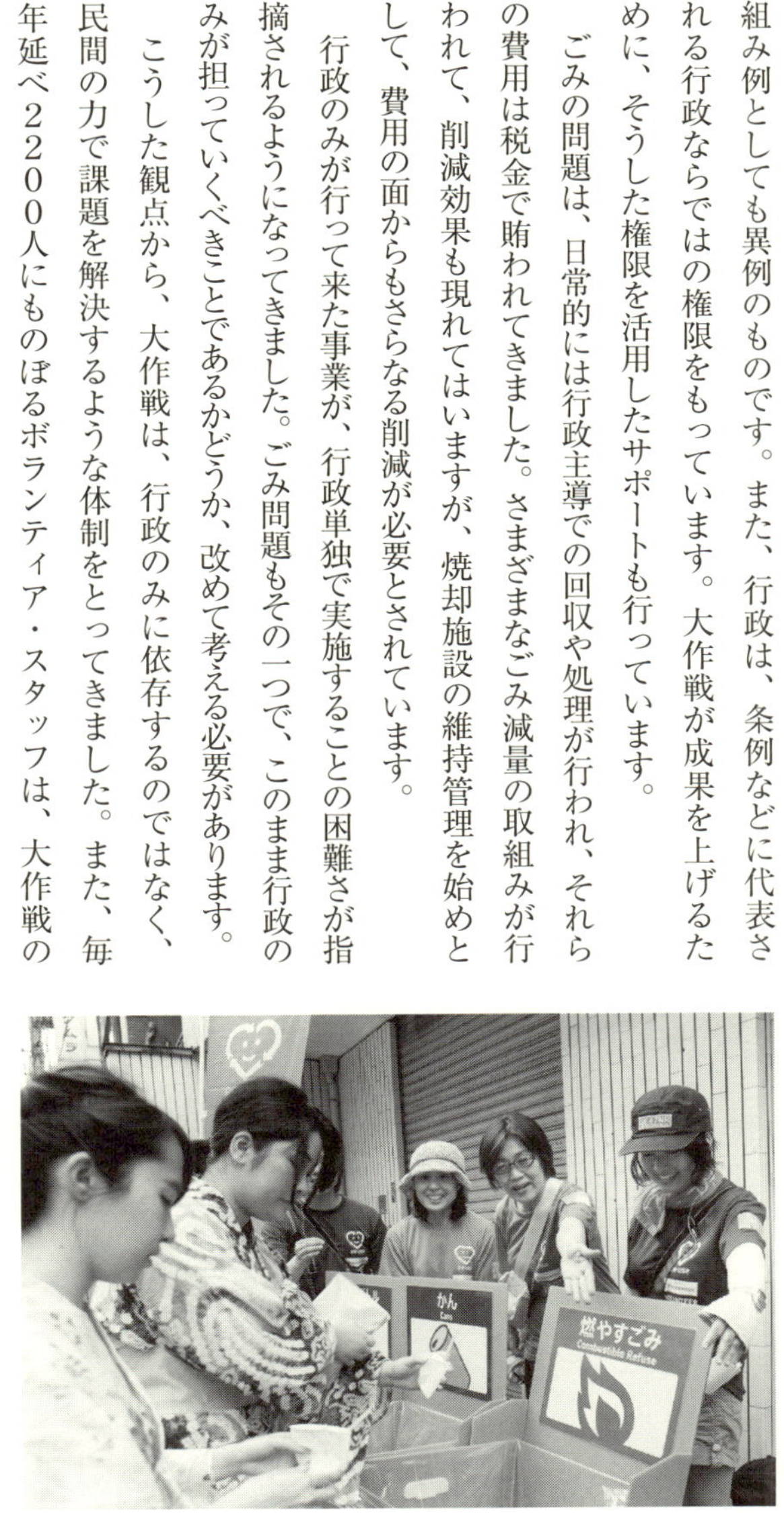

原動力であると同時に、その経験から、職場や地域のお祭り、そして日常生活におけるごみ減量を意識するようになったり、その実践者になるなどしています。こうした変化が、行政のみが引き受けていた役割を小さくし、市民自らが自分たちの地域や社会をつくり上げていくことにもつながっていくのです。

そして、祇園祭を守り続けてきた地域にも変化を与えています。祇園祭では、60万人とも言われる観客が残していく60トンのごみの処理費用数百万円の大部分を、公益財団法人祇園祭山鉾連合会※1（以下、山鉾連合会）をはじめとする地域が負担してきました。露店等が営業を終了した夜中から明け方にかけて、夜通しごみを拾って回るということも長年続き、ごみを減らすということを半ばあきらめていたとも聞いています。しかし、ボランティア・スタッフの活動による成果をもっとも実感したのも地域の人たちでした。活動2年目からは、スタッフにねぎらいの声をかけていただくようになり、そのことがボランティア・スタッフの励みにもなっています。

一方で、まだまだ課題もあります。大作戦が行った調査では、祇園祭で出るごみのうち、お祭りの時だけ出店する露店から出たものは約4割ということがわかってきました。残りの6割は、実は、地域で日常的に営業しているお店や、お祭り実施エリア内の私有地で、土地の管理者との契約により出店しているお店などから排出されているようなのです。露店商にリユース食器を使用してもらうことでごみの削減を図ってきた大作戦ですが、さらなるごみの減量を図るためには、こうした地域で日常的に営業しているお店にも、祇園祭当日のごみ減量に対して協力を求めることが必要になっています。この事実を受けて、山鉾連合会は、２０１７年には、お祭りのエリア内で出店している露店商ではないお店の出店数や販売内容を調査するなど、地域からのごみ減量に向けた動きにもつながっています。

大作戦の取組みは、全国にも広がりつつあります。大阪天神祭では２０１６年から同様の取組みが始まっているほか、全国から地域のお祭りでの導入を検討したいという問い合わせや、自治体やＮＰＯの方々が、祇園祭当日に視察を兼ねてボランティアとして参加されるケースも増えています。

祇園祭ごみゼロ大作戦では、ＮＰＯが継続してきた活動が、大きなアクションとなって、参加した人や地域や社会に変化をもたらし、そしてそのことが取組みを加速させていくという好循環が生まれています。こうした変化をもたらすのが、ＮＰＯの役割の一つでもあるのです。

※１　祇園祭を行う34の町内会による組織

2　京都市市民活動総合センターを担い続けて

内田 香奈

京都市市民活動総合センター（以下、しみセン）は、2003年6月に開館し、2018年で15周年となりました。しみセンの構想は、1996年から始まりました。当時は、阪神・淡路大震災からまだ間もなく、NPO・市民活動（以下、NPO活動等）が少しずつ知られるようになり、その活動の拠点やサポートの必要性などについて議論がなされていた時でした。どのような機能やサポートがあれば、NPO活動等がより充実し、市民による地域づくりが進むのか、行政や学識経験者、市民活動団体等が一緒に検討を重ね、しみセンが生まれました。しみセンは、複合施設「ひと・まち交流館 京都」の中にあります。この場所は、町衆の熱意で全国に先駆けてつくられた京都の番組小学校の一つ「菊浜小学校」の跡地にあり、市民によるまちづくりの拠点として、象徴的な場所でもあります。

1998年に、特定非営利活動促進法（通称、NPO法）が施行され、全国でNPO法人が次々と設立され始めたころから、きょうとNPOセンター（以下、KNC）は、しみセンの構想段階の検討にも参加し、開館からこれまで、その運営を担い続けてきました。しみセンが開館した2003年は、まさにNPO法人を「産めよ増やせよ」の頃で、しみセンの利用者層は、活動分野や取組みは多様でしたが、団体運営という面ではどこもよちよち歩きで似たような悩みを抱えていました。これから団体をつくろうとしている人たち、立ち上げ（あるいは法人化）後、5年目くらいの団体が大半を占めていて、当然、そうした活動を担い始めた層へのサポートメニューを充実させることが目下の役割となりました。この頃の取組みの継続性がしみセンは、ＮＰＯ活動等に対して「初期の団体をサポートするセンター」というイメージをもたらす要因になっているように考えられます。

新しい団体もどんどん生まれる一方、当初からの団体の活動は発展し、それとともに団体が抱える課題も変わっていきます。しみセンに持ち込まれる相談内容は、団体の設立初期特有のものに加えて、ある程度経験を積んで活動が拡大していく中での事業再構築や、雇用や理事会運営・税務といった専門的な内容、世代交代や活動の土台を強くするための組織基盤強化、そして近年では活動を終えるための手続きに関する相談など、サポート内容の幅は広くなってきています。そうした変化に応じ、現在では、団体の設立から解散まで団体の成長サイクルほぼすべての段階をサポートしています。解散は、京都府内でも年間約40件、全国では１７００件ほどあります。しかし、現実的には活動が立ち行かなくなり、解散すらできず、認証取消しを待つような団体も少なからずあります。ＮＰＯという存在の信頼性から考えると、好ましくない状況と言え、団体の活動の終息期をどう支えるかも、これからのサポートとして重要です。

ＮＰＯ法の成立から20年、しみセン開館から15年の中で、ＮＰＯを取り巻く環境は大きく変わってきました。ＮＰＯ法人以外の非営利法人格も選べるようになり、また、ソーシャル・ビジネスとしての取組みも増える中、これまで言われていたビジネス（営利）と非営利の境界も曖昧（あいまい）になってきています。今の地域や社会の課題を解決したいと思う人が取り得る選択肢が増え、そうした担い手たちによって、行政ではできなかった社会課題の解決が行われるようになってきました。従来の自治会や町内会などが、社会課題解決の担い手であるケースもあります。しみセンは、そうした「ほっとけない」気持ちで動き出した人たちとともに、また、社会変革を担おうとする人たちとともにありたいと考えています。しみセンの英語表記は、Kyoto Center For Supporting Social Changeです。Social Changeを支えるセンターとして、「ほっとけない」気持ちが具体的な活動になり、地域や社会に影響を与えていくプロセスを担い手と一緒に描き、進んでいきたいと思うのです。

その時に、個別の団体の支援はもちろんですが、ＮＰＯなどの活動に象徴される「ほっとけない」気持ちで始まる「地域や社会の課題を（行政にお任せではなく）自ら解決しようとする試み」が、社会のなかで適切に位置付けられるための取組みも必要となります。残念ながら、ＮＰＯに対する社会の無理解や誤解はまだまだあります。今改めて、ＮＰＯの理解者となり応援してくれる人を増やしていく必要があります。ＫＮＣの中期経営計画でも表現している「ほっとけないをほっとかない」を、しみセンでも大切なキーフレーズとして掲げ、「市縁堂」や「市民公開講座」といった事業で、広く多くの人が身近にある課題やＮＰＯの存在に目を向け、応援するきっかけを提供しています。

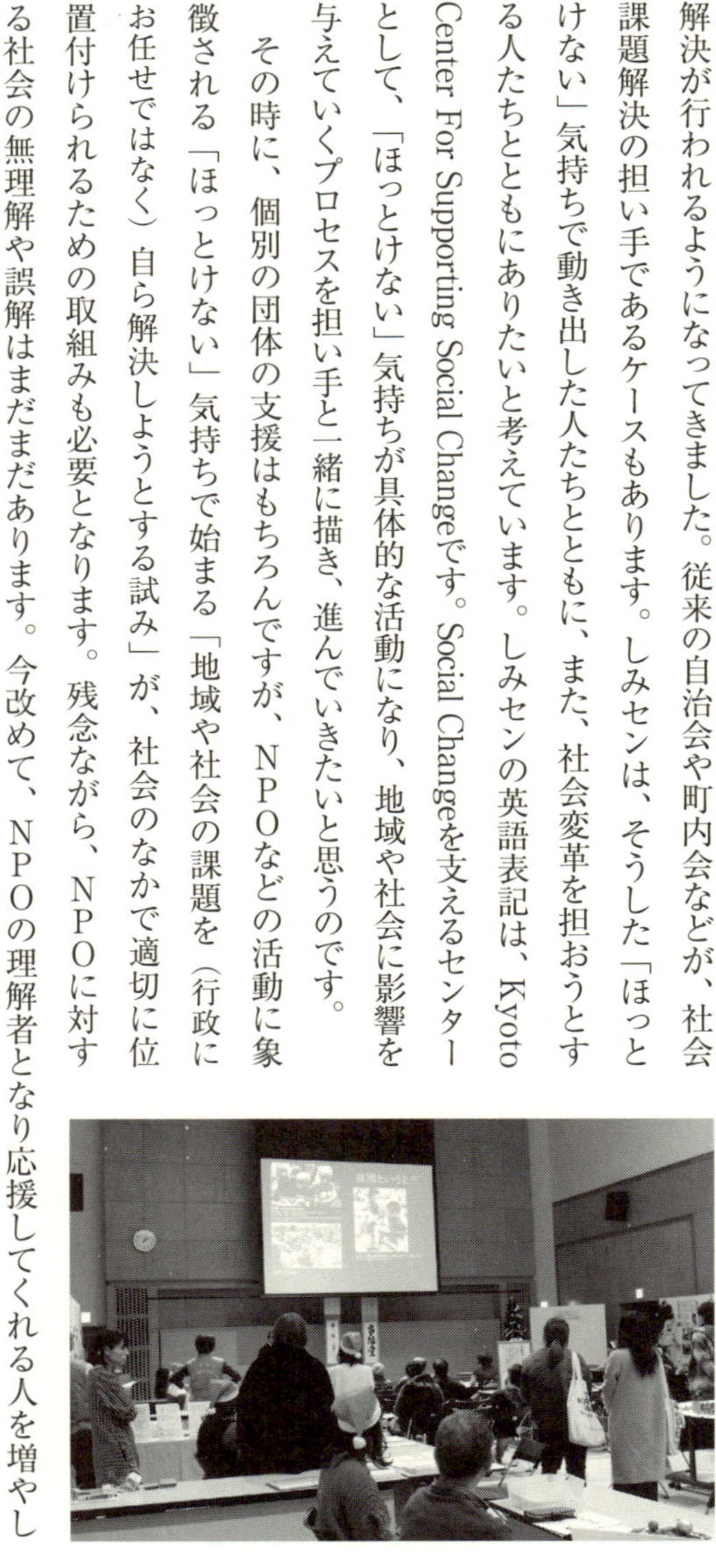

ＮＰＯが社会の中で適切に位置付けられるためには、ＮＰＯ自身の努力も必要です。税制が変わり寄付

を受けやすい制度は整いましたが、制度を活用して資金を集め、それを活動に生かすには確かな運営基盤が必要で、ＮＰＯ全体としての底上げが必要な状況です。しかし、団体の組織基盤強化は団体の活動内容や何を目指すかにもより、個別のコンサルテーションが必要な場面もあり、公設の施設として対応できる限界を超える場面もよくあります。公設の施設としての限界を超える部分は、民間団体としてのＫＮＣが担うなど、しみセンの機能とＫＮＣの経験を組み合わせることで、とぎれのないサポートを実現しています。

地域や社会の課題を解決するための活動およびその形や手法はさまざまです。しみセンは、ＮＰＯが力を発揮する基礎的な環境をつくり出しながら、それぞれの担い手が望むあり方が実現されるようサポートしているのです。

題字：大徳寺塔頭　黄梅院二十世住職　小林太玄氏

3　ＮＰＯが運営するコミュニティラジオ

太田　航平

１９９２年から制度化されているコミュニティＦＭの運営主体は、２００３年特定非営利活動法人京都コミュニティ放送（京都三条ラジオカフェ）がＮＰＯ法人として初めて放送免許を交付されるまで、ＮＨＫ以外は株式会社での運営が自明とされてきました。しかし、京都発の非営利型放送局は一つの運営モデルとなり、運営法人の具体的な選択肢として確立されたことで、今ではコミュニティＦＭ局の約1割をＮＰＯなどの非営利法人が占めるに至っています。これは日本の放送制度に一石を投じただけでなく、市民社会を切り拓く大きな一歩となりました。

振り返ると、ＮＰＯ法人での放送免許獲得は容易(たやす)いことでなく、多くの困難が当時立ちはだかりました。それは１９９８年の特定非営利活動促進法の施行以来、認知のまだ浅いＮＰＯ法人に対し、放送免許の監督官庁である郵政省（現総務省）の理解を得ることが難しかったことがまずは挙げられます。

立上げの構想を１９９９年より行い、毎週のように非営利型放送局のあり方を議論すると同時に夢を語っていると、その輪は徐々に広がりをみせ、その必要性が確固たるものへとなっていきましたが、開局の目処は付きませんでした。しかし、地域や社会の課題に対し真摯に向き合い、現場での活動を展開する個人や団体は、自ら電波を通して情報を発信する場や機会は無く、また、情報流通のマンネリから活動が停滞する事例も見受けられていました。市民活動以外でも、ものづくりをされている方や表現活動をされている作家など、まちを構成する「みんな」にとって、「使えるインフラとしてのラジオ局」への期待は大きく、NPO放送局開局に向けた声は日を増して大きくなっていくことを感じていました。そんな中、2001年以降、NPOは世論の高まりや認知の拡充を通して市民権を得て行くと、監督官庁の言いぶりも変わり「株式会社でなければならない」とは言われなくなったのです。

乗り越えなければならないことは他にもありました。中でも大きかったのは「経営」です。資本金を集められないNPOで高価な放送機材や災害時のバックアップシステム、スタジオ整備や日常を支えるスタッフの人件費などをいかに調達し、安定した放送事業を展開できるかが放送免許獲得に向けた課題となっていました。免許申請には5年間の細やかな事業計画とそのエビデンス（根拠）を提出する必要があるのです。当時、商品やサービスの販売等を通して収入を得ながら課題解決を目指す、いわゆる事業型NPOの事例は全国にほとんどなく、参考になるようなモデルがない中、非営利型放送局というこれまでにないビジネスモデルづくりが鍵となりました。

そこでまず考え出したのが今でも例の少ない、NPO法人と株式会社の両建てです。株式会社で資本金を集め、放送免許獲得の主体であるNPOのパートナーとして資金を貸し付ける。また、NPO法人は会員からの会費と、これも当時は珍しかった「NPO債」を発行し資金調達を行ったのです。株式会社をパートナーにし、非営利放送独自の広告基準を設定。放送利用料として1回3分1500円という気軽に誰もが番組をもてるよう工夫することで参加を促しやすくしました。「市民による市民のためのラジオ局」のあり方はこのビジネスモデルに色濃く出ていると思っています。このようなモデルを築いたことで安定した放送事業が行えると認識いただき、免許交付の一助となりました。

「NPOで放送局をつくる」。そもそもそんなことが可能なのか？　「電波って誰のもの？」から始まった紆余曲折の挑戦は2018年3月31日で開局15周年を迎えました。市民の発信の基盤としての79・7Mhz京都三条ラジオカフェは、参加型の新しい発信拠点として今この時も24時間放送を続けています。

そもそも市民参加を求める放送は、NPOが設立することで発信者のエンパワーメントにどうつなげられるのか？　地域の多様なコミュニケーションの活発化は持続可能なまちづくりにどのような役割を果たすことができるのだろうか？　社会の課題に対し市民の声なき声を拾い上げるまちなかのインフラとしての放送局ができるとまちはどのように変化していくのか…。私はさまざまな問いに対しまだはっきりとした答えをもっていません。諸外国では当たり前のように存在する非営利放送局も日本ではその文化は浅く、未だ壮大な社会実験を続けているかのような感覚です。しかし、この新しいまちなかにあるラジオ局の機能を使う番組オーナーは常時100を超えるようになり、それぞれ毎回の放送を大切に自分の言葉で自分の責任で発信しています。次の5年ですべきことは市民の自由な言論空間が、何にどのように影響を及ぼして来たのかしっかりと評価し、効果が出ている点を洗い出し、さらに充実させることであると思っています。

開局準備にあたっていた当時、学生であった私は環境NPO・NGO活動に勤しんでいましたが、課題となるのは常に情報発信でした。インターネットが今日のようにまだ普及していない時代の中での活動は、自分たちが知り得た情報やその課題に対するアプローチ、一人ひとりが今できることを発信することが重要だと思いながらも、多くの人々に届けるチャンネルをもち合わせておらず、いつしかそれは当たり前のことになっていました。しかし、発信する過程の中にまた学びがあり、そこから活動の輪が広がることも分かっていました。「無いものは自分たちでつくる！」そんな気概のある世代を超えた仲間たちが「当たり前」を疑い、異なる選択肢を提示する動きをとる中で、一人では無理でもみんなが集まるとカタチになることを学びました。とても刺激的で、ワクワクがとまらなかったことを今も覚えています。

インターネットなどを介して自前のメディアを創造しやすくなった昨今、非営利セクターもさまざまなメディアを使いこなし、日々活動を深化させています。まちや社会を動かす「これからの言葉」はともすれば多くの情報に埋もれがちですが、現場での活動を通して発せられる活きた言葉は私たちの心を動かします。そんなコミュニケーションを、商業放送とは異なる非営利型の放送局が支え、新しい当たり前を築いていくことをこれからも三条御幸町からお届けしていきます。

4　寄付文化醸成―寄付者視点のファンドレイジングとＮＰＯの組織基盤強化の挑戦　河合 将生

１９９５年の阪神・淡路大震災では約１６７万人のボランティアが震災支援活動に参加し「ボランティア元年」という言葉が生まれました。２０１１年の東日本大震災でも約１３８万人のボランティアが支援活動に参加するとともに、約７割の人が寄付を行ったことから「寄付元年」とも言われます。「社会に貢献したい」と考える日本人は７割に達し、実際に寄付を行う人も４割を超え、「遺贈寄付」など相続財産の一部を寄付することに関心がある人も40歳以上で２割を超えるという調査結果も報告されています。寄付への関心は確実に高まっており、ＮＰＯ等やその担い手、活動に共感して行動に移す人も増えていることがうかがえます。

『寄付白書』を発行している特定非営利活動法人日本ファンドレイジング協会は、２００９年に５カ国・47都道府県５８０人の発起人の賛同を集めて設立。２０２０ビジョンとして「善意の資金」10兆円時代の実現を掲げ、民間非営利組織のファンドレイジング（資金集め）に関わる人々と、寄付など社会貢献に関心のある人々のためのＮＰＯとして、認定ファンドレイザー資格制度や「ファンドレイジング・日本」の開催、社会貢献教育、遺贈寄付の推進などに取り組まれています。

ビジョンとして「善意の資金（寄付から社会的投資までを含む）」10兆円を掲げる同協会ですが、最新の『寄付白書』によると日本の２０１６年の個人寄付総額は７７５６億円、会費総額は２３２８億円、寄付者数

4571万人、寄付者率45・4%となっています。法人寄付は7909億円、42万法人にのぼります。同白書を初めて発行した2009年調査時の個人寄付総額5455億円・寄付者数3766万人・寄付者率34%から比較すると、東日本大震災を挟んで増減はあるものの、日本の寄付を巡る状況は大きく、そして劇的に変化したことが指摘されています。さらに、公益財団法人京都地域創造基金をはじめ、市民コミュニティ財団の設立による地域での資金循環の仕組みづくり、社会的投資への関心の高まりや2016年12月の休眠預金活用法成立、遺贈寄付の推進と環境整備のために一般社団法人全国レガシーギフト協会が立ち上げられる等、NPOをはじめとする民間公益活動への資金の流れとその仕組みの構築がいろいろな形で進められるとともに、活動による社会的な価値や成果の「見える化」や評価を求める傾向にあることも指摘されています。

増加傾向にある個人寄付総額ですが、NPOにとっては楽観できない課題も指摘されています。例えば寄付先については、まちづくりや緊急災害支援、国際協力や環境などのいわゆる「テーマ型の活動」への寄付が、国や都道府県、市区町村、自治会・町内会等や宗教関係、共同募金会や日本赤十字社等への寄付よりも少ない現状があります。突出しているのが共同募金会（52・8%）で、日本赤十字社（29・7%）、自治会等（22・7%）と続きます。20代を除く他の世代はすべて行政や自治会、共同募金会等への寄付がテーマ型への寄付を上回っています。

分野別にみた寄付のきっかけの調査項目では「自治会や町内会が集めに来たから（回覧を含む）」という回答が共同募金会や日本赤十字社、自治会・町内会等やまちづくり分野の活動で多く挙げられていることや、子ども・青少年分野や教育・研究分野では「毎年のことだから」、それ以外のテーマ型の活動への寄付は「関心があったから」が最上位の回答となっています。

さらに、内閣府「平成28年度 市民の社会貢献に関する実態調査」では、寄付の妨げになる要因として「経済的な余裕がないこと」（50％）に次いで「寄付先の団体・NPO法人等に対する不信感があり、信頼度に欠けること」（38・3％）、「寄付をしても実際に役に立っていると思えないこと」（28・2％）が挙げられています。また、寄付時に必要と考える情報として、「寄付先の活動内容」（81・1％）、「寄付により期待される効果」（55・7％）が上位に挙げられています。

こうした調査結果を踏まえて、寄付文化醸成のために取り組むべき課題、特にテーマ型NPOの活動への寄付を増やしていくためには、活動や組織運営の情報公開と、「成果の見える化」をいっそうすすめ、支援者とのコミュニケーションの質と量を日々改善しながらNPOの信頼性の向上とNPOが取り組むテーマの自分ごと化に取り組むことが期待されていると思われます。また、日常的なつながりや、毎年のことだからとの理由で寄付を行っている回答が示すように、単発寄付から継続寄付につながり、コミュニケーションを丁寧にもち、NPOの活動を日常化することで長く寄付／支援を継続してもらえる支援者コミュニティづくりとそのマネジメントが求められているのではないでしょうか。

ファンドレイジングは、単なる資金調達ではなく、団体の潜在的な魅力や強み、課題を棚卸し、社会の中で果たすべき役割や目指す姿を明確にするとともに多様な関係者（ステークホルダー）とのつながりを確認したり、新たに紡（つむ）いだりしていく中長期の取組みでもあります。団体や活動の多様な支援者の「参加の機会」を創出し、必要な資源の獲得につなげる取組みとも言えます。ボランティア参加者の寄付率の高さや寄付額の多さもその証拠として指摘できます。ファンドレイジングがうまくいっているかどうかを確認する指標として「寄付者の経験やストーリーをどのくらい知っているか」「何が寄付のきっかけとなったり、共感したポイントを把握しているか」「支援者コミュニティの有無」が指摘されたりもします。

ＮＰＯに必要な資源は８つあると考えています。いわゆる「ヒト」「モノ」「カネ」に加えて、「共感」「時間」「情報」「ノウハウ」「ネットワーク」です。ファンドレイジングは「ファン度を上げること」と言い換えることもでき、特に「ヒト」はＮＰＯとして最大の資源であり、その強化が組織基盤強化に直結するとともに、魅力的な人の存在に共感する寄付者の創造につながります。寄付文化の醸成と各団体のファンドレイジング力の向上、組織基盤強化は密接につながっており、その鍵となるのは「人の共感と参加」にあると思います。

内閣府の「平成29年度　特定非営利活動法人に関する実態調査」（２０１８年３月）でも、団体が抱える課題について「人材の確保や教育」が６割を超えて最も高い割合を占め、次いで「収入源の多様化」（54・2％）、「後継者の不足」（38・8％）、「法人の事業運営力の向上」（36％）、「事業規模の拡充」（23・6％）が挙げられています。こうした課題の解決には、個別性、専門性が求められるものもあります。結果、ＮＰＯ自身の取組みとともに、中間支援組織やＮＰＯと社会をつなぐファンドレイザー等の存在とその効果的な支援が求められています。さらには、ＮＰＯ等の事業や組織運営に対して第三者の客観的な視点で組織診断・評価を行ったり組織基盤強化やファンドレイジングに「伴走支援」したりする存在も注目を集めています。実際、私自身もフリーランスのNPOコンサルタントとして、組織基盤強化やファンドレイジングの個別支援、組織診断・評価、伴走者として、各NPOの支援を行っています。同様の取組みは、既存の中間支援組織の支援プログラムの一つとして行われることもあれば、新たな支援組織の登場につながっているもの、従来にはあまりなかったフリーランスという形態やプロジェクト単位で団体横断的に関わる人の存在、ファンドレイザーという職種や仕事をつくりだしたり、プロボノでの関わり方の一つになったりしているものもあります。

多様な人の共感と参加の機会を豊かに創り出せるか、一人ひとりのそのプロセスを大切に育くめるかそれを文化として醸成できるよう、いかにじっくりと取り組み続けられるか、その挑戦や歩みそのものが寄付文化の醸成を着実に後押ししていくのではないでしょうか。

【参考文献】

日本ファンドレイジング協会『寄付白書２０１５』２０１５年
日本ファンドレイジング協会『寄付白書２０１７』２０１７年
内閣府「平成28年度 市民の社会貢献に関する実態調査」２０１７年３月
内閣府「平成29年度 特定非営利活動法人に関する実態調査」２０１８年３月

5　すべての参加者が主体となる学びの場への実践

北村 恵美子

ある平日の午後、たまたま入院中のスタッフの代わりをすることになった私は、「学びの森」[※1]のメインの教室に入りました。先ほどまでにぎやかに自分の持ち場を掃除していた子どもたちが机に座り、学習が始まると、急に静かな空気が流れ始めました。私は、担当の子ども一人ひとりと今日の学習内容を確認した後、席について教室全体を見回しました。小学5年生から高校3年生までの子どもが、それぞれ自分の時間割に沿った教科や課題に黙々と取り組んでいます。学年も違えばやっていることもバラバラなのに、教室全体が落ち着いていて、ある種の心地よい集中感が空間を満たしています。

ここは公教育、私教育問わず教育関係者の訪問が多いのですが、このメイン教室で子どもたちが学ぶ様子と、その空気感に驚く人は少なくありません。そしてそれは学校へ通わない子たちが学ぶフリースクールの時間帯だけでなく、学校へ通う子どもたちのための学習塾部門の時間でも同じです。

「学びの森」では現在、学校へ行かない小中学生の子どもたちが通う「学びの森フリースクール」、高校生が通う通信制サポート校「学びの森ハイスクール」、学校へ通っている子どもを対象とした学習塾「学びの森探究スクール」の三つの事業が展開されています。また、その関連法人の「一般社団法人学びラボ」では18歳から30歳までのひきこもり状態にある若者たちの学び直しの場である「ユーススクール」を運営し、その他の学びの場として、子ども・若者の学びに関わる大人のための研究会「学びの理論研究会」と、学びの森に通う保護者のための「親力アップ講座」を開催しています。このように書き上げると、改めて私たちが「学び」というキーワードを縦軸に、さまざまな対象者を横軸に、シゴトをしていることが浮かび上がります。

現在では、ここまで対象が広がった学びの場ですが、もともとは小学生から高校生までを対象にした従来型の学習塾でした。１９９０年代後半に入り「だるい」「なんでこんなんせなあかんの～？」というコトバを常用する無気力な子どもたちが現れ始め、教師が前に立ってその熱量で子どもたちを引っ張る授業主体の形態に限界を感じ始めました。また、学習塾であるために当然のことながら学校の成績を上げることを親から要求されるかたわらで、子どもたちを点数や偏差値だけで管理はしたくないという葛藤を抱え、一旦さまざまな固定観念から離れて、新しい学びの場を創設する必要に迫られました。

求めてアンテナを張っていれば出会いはあるもので、学習者主体の学びの場の構築に必要な学習理論とその実践に出会い、２０００年に現在地に3階までの吹き抜けがあるメイン教室を含め４教室を備えた建物を新築しました。メイン教室は吹き抜けになっており、その中央にある4メートルを超えるヘゴの木をはじめ、至る所に観葉植物がおかれています。子どもたちが使う机は楕円形や三角形、台形とさまざまな形をしておりそれらが多様なパターンで配置されています。壁面いっぱいの本棚にはテキストや教育、心理の専門書以外にも子どもたちが喜びそうな本がたくさん並べられ、右脳に働きかけるクラシック音楽が小さな音量で流れています。まさに学習塾らしくない教室です。

そしてその空間の中にはいつでも子どもたちの質問に答えたり、学習プランを立てたり、進捗が行き詰まったときには相談にのったりするスタッフが複数名います。今でこそ大学等が図書館を「ラーニングコモンズ」と言って同じような空間づくりで学生の学習をサポートしていますが、私たちは18年前にすでにこのような開放的な空間づくりで子どもたちの学びを促す場をつくっていました。

指導者主体の場から学習者主体の場に変えていくために、このような空間環境づくりと共に取り組んだのが、「正統的周辺参加論」による子どもたちの学びの場への参加の促進でした。新参の学習者は学校の教室とはまるで違う環境の中でどのように学習を進めていくのか分からず最初は戸惑いを見せますが、古参の学習者のふるまいを見て、その集中感を感じながら学んでいきます。そこには学びの共同体的な感覚が生まれてきます。こうして子どもたちは自ら読み、考えて課題に取り組む主体性をもった学習者になっていくのです。

「学習」という言葉は教科の知識や公式の運用を定着させることだけを指すものではありません。学習塾として始まった「学びの森」に学校へ行かない子どもたちが参加するようになり、私たち自身がこのことを実践者として突きつけられることになりました。不登校の子どもたちにとって学校の教科学習の遅れを取り戻すことが自信につながるのは確かです。しかし不登校になったことをチャンスと捉えるとしたら、そもそも学校というフレームの中でうまくいかなかった子どもが、学校で要求される学習を進めることだけに時間を費やしていてはもったいない。学校へ行けなくなった経緯はさまざまであっても、そこへ至った状況を自分で見つめ直し自己理解を深めることで、自己肯定感を高めるチャンスにできるのではないかと考えました。そこで、「自分にとって学校とはどういうところだったか?」「なぜ自分は学校へ行かなく（行けなく）なったのか?」といったことを安心安全な場で語るナラティブ・アプローチという手法を取り入れました。その経験を通し、子どもたちは自分を客観視する視点を手に入れます。また自らのナラティブが共感を生む体験は、本人の自己肯定感につながっていくのです。こうして心理的な力強さを獲得した子どもたちは学習活動にも変化が出てきます。学校の教科学習を進めるだけでなく、思考のワークショップ（自分の考えや意見を述べることで場に貢献し、他者の考えを聞くことで自分の考えを更新する対話型の授業）やフィールドワークに積極的に参加したり、一冊の本を精読してレポートを書き、プレゼンしたり、自分の関心のあるテーマについて研究し、関係機関へ出向いて行ったりと、他者と関わりながら知的探究活動をし始めるのです。そしてそのような学びを経験することで、教科学習の必要性が分かり地道にそれにも取り組むようになります。

当たり前過ぎて敢えて語られることは少ないのですが、子どもや若者が学習者に育っていくには言うまでもなく、彼らに関わる大人が学習者でなければなりません。それが、私たちが大人や親の学習会を大切に考えている理由です。

※1「学びの森」―自ら変わり人とつながる力、そして自分の中で輝き続ける力を。一人ひとりを大切にし、共に上質な学びを創造する「もう一つの学校」

6　域学連携で地域公共人材を育成

白石 克孝

大学の第三の使命

ＮＰＯにとって、組織や活動を支えるスタッフやステークホルダーなど、人の要素は重要です。ＮＰＯ自身の運営はもちろんのこと、ＮＰＯが協働を進めて、社会変革に向けた動きを展開する際には、携わる人が成果を大きく左右することは体験していると思います。私は、大学という高等教育機関が、人の育成において、いかに組織・機関としての役割を果たすことができるかに着目して大学教育改革に取り組んできました。その狙いは、「大学の第三の使命」と呼ばれているものの実現にあると言えます。

大学の第三の使命とは、教育と研究に続く三つめの大学の使命のことで、社会貢献や社会連携と表されています。当初の大学の社会貢献へのアプローチは、発明や発見が地域経済の起爆剤となるといったイメージで語られていました。現在では、地域社会の課題や中小企業あるいは社会的企業の発展に目を向けて、大学が学生を巻き込んで社会的課題に関与していくことに、より大きな期待が集まるようになっています。

ＮＰＯ・地方行政研究コースの開設

私の所属している龍谷大学では、これからの協働型社会の担い手を育むことを目標として、本書にも執筆している富野暉一郎さん（当時、龍谷大学教授）と私とが牽引役となって、大学院改革に着手しました。その成果として、２００３年に法学研究科と経済学研究科の共同運営の大学院修士課程のコースとして、「ＮＰＯ・地方行政研究コース」を開設したのです。現在では発展改組して、「地域公共人材総合研究プログラム」と名称を変えて、政策学研究科、法学研究科、経営学研究科によって共同運営されています。

同研究プログラムでは、ＮＰＯや地方自治体などと協定を結び、現役のスタッフと学部卒の若い学生とが一緒に学ぶことができるようにしました。協定団体からの推薦入試を導入、1年で修了可能な修士課程とすると共に、学費相当の奨学金プログラムを用意しました。とりわけ奨学金プログラムは、学費負担に困難を感じるＮＰＯスタッフにとって、とても強い進学のインセンティブになっていると思います。

スタート当時は、ＮＰＯスタッフと行政スタッフが協働と言いながらも、相互理解や理念共有に隔たりがあり、コミュニケーションに苦労したことを思い出します。そうした現役スタッフの学生に対して、若い学生たちが理想論やそもそも論を投げかけていたのも印象的でした。15年が経過した現在では、協働に対する理解（もちろん現状批判も含めて）が随分と進んだことを実感しています。

地域公共人材と社会的認証による資格制度

協働型社会の実現と担い手を育むために、地域社会のこれからのガバナンス像を描く研究と、教育プログラムと学習成果の認証制度の研究開発の必要性を感じていました。そこで富野暉一郎さんと私とが中心となって、国内外の研究者に参加してもらい、龍谷大学に地域連携拠点を目指す研究センターを設置してもらいました。これもまた2003年のことです。現在の呼称は「地域公共人材・政策開発リサーチセンター」ですが、むしろLORCという略称の方が認知されているかもしれません。

LORCが研究した最大の成果の一つとして、地域公共人材という人材像を提示したことが挙げられます。特定の職業人や専門家を指すのではなく、シティズンシップのあり方を示しています。セクターや部署を超えるような、あるいは多世代をつなげるような、そうした協働を担うことができる人材を指し示す言葉です。

政府による認証ではなく、地域社会による地域公共人材の認証の仕組みを実現しようと、京都経済同友会、京都商工会議所、きょうとNPOセンターなどと協力して、2009年に一般財団法人地域公共人材開発機構を設立しました。京都府内にある9大学―京都大学、京都府立大学、福知山公立大学、京都産業大学、京都橘大学、京都文教大学、同志社大学、佛教大学、龍谷大学―が連携して、地域公共政策士（修士レベル）と初級地域公共政策士（学士レベル）の認証を受けた教育プログラムを提供しています。

域学連携による地域社会の変革

地域公共政策士の教育プログラムの鍵を握る教育コンテンツは、学生や院生がアクティブ・ラーニングを含む学びをするということにありました。私たちは、アクティブ・ラーニングという考え方を、学生や院生が、国内外を問わず、地域に根ざす人や企業と、地域社会や地方行政と、自己発見や課題解決に向けて関与する能動的な学習のあり方と考えています。学生はチームでそれなりの長い期間にわたって現場に入り、デスクワークとフィールドワークとを交互に繰り返していきます。

大学の教員や職員による組織的なサポートだけでなく、自らの課題に取り組んでいこうとする受入れ側の活動の活発化が不可欠になります。こうした大学と地域の課題ベースの連携を域学連携と呼んでいます。大学が域学連携を牽引することで、大学は「第三の使命」を開拓し、地域社会の変革の「社会インフラ」として機能するようになるのではないでしょうか。京都で魅力ある人の学びと育みの取組みが広がっていくことで、京都の社会的エネルギーがいっそう増していくことを願っています。

7　地域創生とプロボノ――地域の公共的課題解決のための関係人口を増やす

杉岡　秀紀

はじめに

２０１４年に発表された「増田レポート」以降、国も地方も「地方創生」の大号令のもと、人口減少という大問題に立ち向かっています。確かに人口減少問題は、わが国あげて「ほっとけない」問題です。当然ながら、これは一自治体で立ち向かえる問題ではありません。というのも、日本全体の総人口が減少する中で、どこかの自治体の人口が増えても、それはすなわちどこかの自治体の人口が減っていることを意味するからです。

そこで本稿では、まず人口減少は不可避であることを認めつつも、求められているのは「地方創生」ではなく「地域創生」であることを問題提起します。次に、人口の質的側面に注目し、最後に、その一例として、産学公ＮＰＯのセクターを超えて地域の公共的課題解決のために注目されるプロボノという概念を紹介します。

「地方創生」から「地域創生」へ

政府主導の「地方創生」については各方面からさまざまな批判が相次いでいます。例えば、明治大学の小田切徳美教授は全国で進みつつある田園回帰の動きも踏まえ、「農山村は消滅しない」という反論を展開しました。また首都大学東京大学の山下祐介准教授らは、増田レポートの発表された時期と政府のいわゆる「地方創生」パッケージの呼応の早さから、レポートをとりまとめた日本創成会議と政府との関係性を疑う見方を表明しました。また、京都政策研究センター（現：京都地域未来創造センター）では「地方創生」という言葉そのものに中央集権的なメッセージが込められていると指摘し、「地域創生」と呼称することの必要性を訴えました。

「地方創生」の最大の問題はその仕組みにあります。というのも、現在の枠組みは、自治体が策定した計画やＫＰＩ（成果指標）の妥当性のチェックから、交付額の決定、そして、その評価に至るまで、すべて国主導で行われることになっています。これは分権時代の逆行と言わざるを得ません。蛇足ですが、近年「地方公務員」に対して「地域公務員」という概念が出てきたり、「地域に飛び出す公務員」「地域おこし協力隊」という肩書きをもつ人材が増えてきています。これはなぜでしょう。それはすなわち「方」と「域」。たかが一字ですが、されど一字だからではないでしょうか。

「地域創生」とプロボノ

「地域創生」の必要性や重要性は共有できたとして、もう一点注目しなければならないのが、「ヒト」の存在です。というのも、現在の「地方創生」の議論では、どちらからと言えば、人口という「量的側面からのヒト」に注目が集まりがちですが、それだけでは不十分だからです。

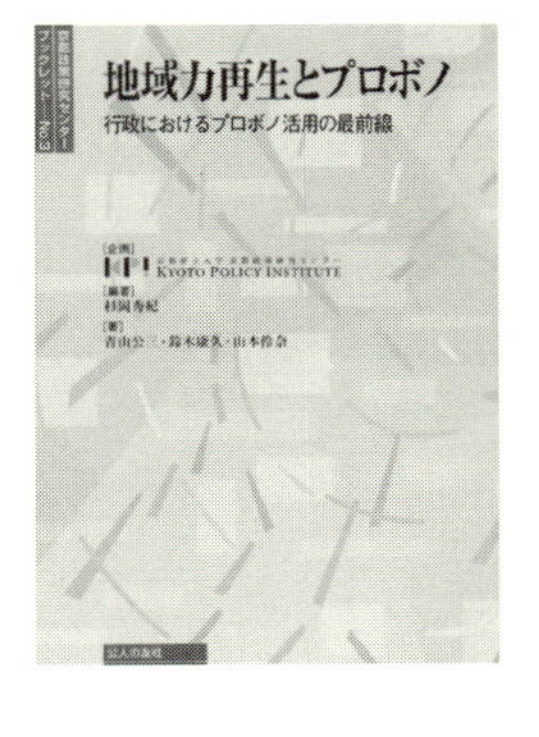

翻(ひるがえ)って「質的側面からのヒト」、すなわち地域公共の課題解決のための人材（地域公共人材）にも注目することが重要になります。それでは、どうすればこうした地域公共人材が増えるのでしょうか。ここではその一例としてプロボノという概念を紹介します。

プロボノとは、ラテン語の「Pro Bono Publico（公共善のために）」を語源とし、「社会的・公共的な目的のために、自らの職業を通じて培ったスキルや知識を提供するボランティア活動」のことです。つまり、無償のボランティアとは違い、また有償のプロフェッショナルサービスとも違います。わが国では、2004年に嵯峨生馬氏が米国ですでに広がっていたプロボノを紹介し、爆発的にプロボノが増えた2010年が「プロボノ元年」と呼ばれます。

ところで、プロボノとNPOは切っても切れない関係にあります。というのも、わが国のNPO法人は、立法以来約20年で5万団体を超え、一定の量（ボリューム）に達しましたが、雇用や財政、マネジメント面などから見ると、まだまだ心もとない現状があるからです。プロボノはその意味で、今NPOを取り巻く課題解決の旗手、あるいは新たな市民社会セクターの担い手として注目されています。

また、今日では、働き方改革の議論も相まって「公務員によるプロボノ」事例も増えてきました。たとえば神戸市や生駒市、福知山市などがその好例ですが、2017年以降、職員の副業を推進する動きが広がってきています。すなわち、これまでは民間企業人によるプロボノが主であったところに、「市民としての公務員」を自覚した地域公務員がプロボノを通して地域に関わる事例が増えつつあります。

おわりに～プロボノという関係人口～

ところで、近年「関係人口」という概念に注目が集まっているのをご存知でしょうか。「関係人口」とは、観光でもなく定住でもなく「逆参勤交代（東京はじめ都市部から地域への移動）」で、地域を定期的に訪ねる人のことで、具体的には、①特産品購入、②寄付（ふるさと納税）、③頻繁な訪問、④現地ボランティア、⑤二地域居住といった形で地域に関わる人のことを指します。すなわち、住民票がそこにあるかどうかだけを判断するのではなく、具体的に地域に関わる人の有無で人口を捉えようという新たな概念です。これを本稿のテーマや関心に当てはめれば、プロボノとはNPOにおける関係人口を増やす試みとも見ることができるのではないでしょうか。

ともあれ、まさに「自分たちの地域はよってたかって自分たちで考え、治める」という人を増やし、いかに地域の公共的課題解決のための関係人口を増やせるか。ここに地域創生の未来がかかっていると言っても過言ではありません。

【参考文献】

稲継裕昭『地域公務員になろう』ぎょうせい、２０１２年
小田切徳美『農山村は消滅しない』岩波新書、２０１４年
京都府立大学京都政策研究センター『地域創生の最前線―地方創生から地域創生へ―』２０１６年
嵯峨生馬『プロボノ～新しい社会貢献、新しい働き方～』勁草書房、２０１１年

杉岡秀紀編『地域力再生とプロボノ―行政におけるプロボノ活用の最前線―』公人の友社、2015年
杉岡秀紀「「プロボノ」と協働する自治体職員」『ガバナンス』7月号、ぎょうせい、2015年
「働き方改革につながる自治体職員のプロボノ」『ガバナンス』12月号、ぎょうせい、2017年
「「方」と「域」―たかが一字、されど一字―」『日刊建設工業新聞』12月14日、2017年
高橋博之『都市と地方をかきまぜる』光文社新書、2016年
田中輝美『関係人口をつくる』木楽舎、2017年
山下祐介・金井利之『地方創生の正体　なぜ地方政策は失敗するのか』ちくま新書、2015年

8　市民の立場から地球温暖化問題に取り組む　京都議定書からパリ協定で、脱炭素への大転換を

田浦　健朗

ＣＯＰ３からの出発

１９９７年に気候変動枠組条約第３回締約国会議（ＣＯＰ３）が京都で開催されました。ＣＯＰ３では市民の立場から「気候フォーラム」が活動を展開しました。国内の市民、ＮＰＯ／ＮＧＯが結集して活動したこともあり、厳しい交渉の末に京都議定書が採択されました。その活動や成果を継承する組織として、気候ネットワークが１９９８年４月に設立されました。地球規模で長期にわたる人類にとって極めて深刻な課題である地球温暖化に取り組む組織がどのような活動をすべきか、社会を変えていくような影響力をもつことができるのかなど、未知の扉を開けていくような活動を開始しました。

地球温暖化問題を克服するためには、社会・経済・くらしの抜本的な変革が必要です。その大きな変革を実現するために、政策提言を活動の柱とし、調査研究、専門家や活動実践者などとの情報共有・意見交換、セミナーやシンポジウムの開催、実践的な対策モデルづくり、温暖化防止教育、全国キャンペーンなど多岐にわたる活動に取り組んでいます。活動は、国際、国内全体、地域をカバーしていて、それらを連動させることで、相互に良い影響を与えることができると考えています。全国のネットワーク組織として、情報共有や具体的な活動の連携などにも取り組み、自治体や企業、研究・教育機関、パートナーシップ組織などと協働して活動を展開してきています。

京都議定書からパリ協定に

気候ネットワークは、COP4（1998年・ブエノスアイレス）以降、気候変動枠組条約に関する会議にオブザーバーとして参加してきました。1300以上のNGOが参加している「気候行動ネットワーク（CAN：Climate Action Network）」と連携し、情報共有、プレス発表、評価・分析と提言、化石賞の授与、アピールイベントなどを行っています。また、記者向けの情報提供、政府代表団との意見交換、速報紙「Kiko」の発行を行ってきています。

2000年のCOP6（ハーグ）が決裂し、京都議定書の発効が危ぶまれた時がありました。気候ネットワークは、国内で「環境の世紀に変えよう！キャンペーン」を展開し、パンフレットづくり、地方議会への働きかけ、セミナー開催などを行い、国内で集めた市民の声をCOPの会議場に届けました。2000年のボン会議（COP6・5）で「ボン合意」、マラケシュ会議（COP7）で「マラケシュ合意」に至り、京都議定書の実施ルールが整いました。

2009年のCOP15では「コペンハーゲン合意が留意」されることとなり、2013年以降の約束が見通せない状況に陥りましたが、その後の交渉が進展し、2015年11～12月に開催されたCOP21

で「パリ協定」が採択されました。ＮＰＯ／ＮＧＯは、コペンハーゲン会議後も粘り強く国際社会に働きかけを行ってきました。国内では、ＣＯＰ21に向けて、Climate Action Now! キャンペーンを展開し、会議の開催直前に東京と京都でアースパレードを実施し、パリでの合意の重要性を訴えました。パリ協定は、２０１６年11月４日に発効し、１７８カ国・地域が締結しています（２０１８年６月16日現在）。現在、パリ協定のルールづくりが進められていて、実効性のあるルールが策定される必要があります。

エネルギー政策の転換と自然エネルギー普及

国内の温室効果ガスの90％近くがエネルギーの使用によって排出されているCO_2です。そのため、適切なエネルギー政策を進める必要があります。気候ネットワークは、省エネと自然エネルギーを普及させることを柱として、その推進策・制度を導入する提案をしてきています。炭素に価格をつけてその使用を減らす仕組みや、キャップ＆トレード型排出量取引制度の導入、自然エネルギー普及のための固定価格買取制度（ＦＩＴ）が有効であり、その導入の提案、導入に向けた実践活動にも取り組んできました。エネルギーシナリオに関する調査も行い、２０３０年、２０５０年における大幅な削減が可能との提案を行っています。「市民・地域共同発電所」づくりを進め、小規模分散で市民所有による自然エネルギー普及を目指してきました。ＦＩＴ導入以前では、寄付を中心とする資金調達で設置し、その情報を共有する場を設け、徐々に広めていきました。ＦＩＴ導入後には、市民共同発電所づくりが急速に進み、大きな規模の設置や、設置後の利益を地域・市民に還元する仕組みなども産み出されました。

これまでの成果と課題

気候ネットワークは、任意団体からスタートし、1999年にNPO法人に、2012年には認定NPO法人として認定されました。国際、国、地域のレベルで活動を進めてきたことや、複数の活動手段に取り組み、さまざまなネットワークをつくってきたことがこれまで継続できた要因であると言えます。京都議定書の発効と日本の批准という目標を達成することができ、提案してきた政策が徐々に実現してきたこともあります。一方で、構想の挫折、活動の中断、成果につながらないことも多く経験しました。また危険な気候変動を防ぎ、持続可能な地球社会をつくるというミッションの達成には、大きな課題があります。組織基盤も社会的影響力も限定されていて、市民の力を大きな変革につなげていく道筋はまだまだ見えない状況です。

パリ協定時代のチャレンジ

パリ協定は、地球の平均気温の上昇を産業革命前と比べて2℃を十分に下回ることを目標としています。今世紀後半には温室効果ガスの排出を実質ゼロにすること、各国は5年ごとに対策の見直しを行い、常に対策を強化していくことなどが求められています。パリ協定に沿って、脱炭素に向けた急速な変化が起きています。例えば、自然エネルギーの設置価格は大幅に低下し、化石資源を使用する設備よりも安くなっています。多くの国が、自然エネルギー中心の社会に移行することを明確にしています。化石資源産業への投資の撤退（ダイベストメント）が広がり、脱石炭の流れも加速し、「脱石炭をめざすグローバル連盟」が２０１７年に発足しました。

気候ネットワークは、このような流れを国内でつくるための政策提言、地域や企業への働きかけ、協働による実践活動、自治体、企業、オフィス、家庭などあらゆる単位で自然エネルギー１００％を実現していくことなどに取り組んで行きます。「化石燃料を使用しないことは可能なのか、まったくイメージできない」との声もあります。多くの人がイメージできるようなシナリオ・ビジョンを描き、地域の活性化や雇用の増加、生活の質を高めるような脱炭素社会の情報を広めていくことにも取り組んでいく予定です。

国内にも自然エネルギーで自立して課題解決に取り組み、豊かで魅力のある地域を構築していくところも表れてきています。危機的な気候変動を回避することができ、より豊かで公平で持続可能な世界に移行することは可能だと考えています。京都議定書からパリ協定と続く流れと共に、世界の市民、ＮＰＯ／ＮＧＯと連携して、脱炭素に向けてチャレンジを続けていきたいと思います。

9　私から公へ—福知山公立大学の取組み

富野暉一郎

はじめに

少子・高齢化が進展するなかで日本は2011年に総人口が減少に転じました。速いペースで進む長期的な人口減少は、社会全体にかってない構造的変動をもたらし、特に人口減少が急速に進んでいる自治体の存続の危機が現実化しつつあります。このような厳しい状況のなかで、近年地方自治体による地方私立大学の公立化が着実に進められていることに社会的関心が集まっています。福知山公立大学も、経営難にあった私立大学を福知山市が設置者となる「公立大学法人福知山公立大学」に変えて2016年に再出発し、地域社会への貢献に向けたさまざまな活動を始めたところです。本稿では、ようやく開学3年目を迎えて地域社会に存在感を増しつつある福知山公立大学の概要と地域社会における取組みについて、報告します。

一　福知山公立大学の概要

(1)福知山公立大学の基本理念

「市民の大学、地域のための大学、世界と共に歩む大学」を建学の基本理念に掲げ、地域協働型教育研究の実践を通じて、その理念の実現を目指すこととしている。

【目指すべき大学像】

①地域社会を支え、地域社会に支えられる大学

②持続可能な社会の創出に貢献する大学

③地域と世界を結ぶグローカリズム研究教育の拠点大学

【目指すべき人材像】

地域に根ざし、世界を視野に活動する〝グローカリスト（Glocalist）〟

(2)福知山公立大学の組織

福知山公立大学は、現在1学部（地域経営学部）、2学科（地域経営学科、医療福祉経営学科）体制であり、近い将来に情報系学部の新設により2学部体制に移行するべく準備を進めている。

二　福知山公立大学における地域社会との協働に向けた特徴ある取組

(1)研究活動

①地域経営学研究会の開催　地域経営学とは何かを、2017年度の学長裁量経費を投入して集中的に研究し、福知山公立大学研究紀要別冊として公刊した。さらに研究成果の市民説明会を5月に市

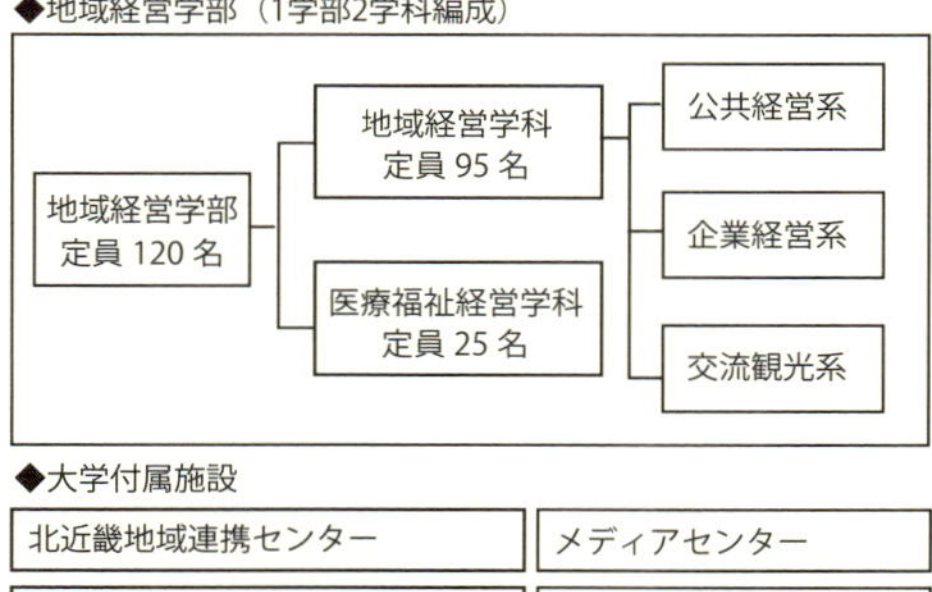

内で開催した。（2018年度は地域協働型実践教育をテーマとする予定）

②北近畿地域連携センターでは、地域社会の課題をテーマとし、主として地域社会との連携で実施する研究プロジェクトを対象とする助成金を交付している。

(2)教育活動

①実践型演習への全学的取組み

隔週で実践演習実施日を設定し、1年次から4年次まで通して、原則として全学の教員が地域社会を対象とする演習を実施する。

(3)地域連携活動

①市内の公共施設等を会場とする、市民への直接的・積極的な報告

大学活動全体の市民報告会の開催、教員プロジェクトの市民向け成果報告会

②2017年5月、福知山公立大学が事務局となり、北近畿の3大学と大学民間の機関団体等約50の組織で構成される民間のシンクタンク機構をもつ「北近畿地域連携会議」が設立されて、年1回報

【研究課題名】

①与謝野町「かや山の家」におけるヘルスツーリズム観光活動

②北近畿市町村の地域包括ケアへの国保データベース活用状況に関する調査

③福知山市の中心市街地活性化に関する研究―集積商業の持続可能な発展という視点から―

④公共施設の管理・運営に関する研究―文化公共施設に着目して―

⑤山間地域における自動運転システム構築のためのNSS（衛星測位システム）受信可能域の研究

⑥北近畿地域における観光地経営の経営指標とその測定手法に関する研究

⑦クルーズ船寄港による商店街振興への可能性に関する研究―商店街周辺地域住民の受入れ意識の規定因分析―

2017年度北近畿地域連携センター教員プロジェクト助成テーマ

告・提言が出される体制となった。

③包括的連携協定先（大学、地域協議会、地域金融機関、公共交通機関、観光ＤＭＯなど８機関・団体）との意見交換会の実施。

④福知山市の中心商店街に、京都工芸繊維大学との連携で「町かどキャンパス」を設置して２０１８年度より活動を開始する。

紙数の関係で、今回は主要な地域連携活動の紹介に留まっていますが、新しく地域に登場した福知山公立大学の地域協働活動の一端を感じていただければ幸いです。

10　障がいのある人たちの「可能性の芸術（エイブル・アート）」
～市民による「新しい文化」のあり方の提案と地域の再生～

中須　雅治

近畿ろうきん（近畿労働金庫・大阪市、理事長　石村龍治）は、一般財団法人たんぽぽの家（奈良市・理事長播磨靖夫）と連携して、２０００年度より「エイブル・アート近畿　ひと・アート・まち」（以降「エイブル・アート近畿」という）を近畿２府４県で開催して参りました。

この「エイブル・アート近畿」の開催を通して、どのような新しい価値が生まれたのか、またその価値を「新しい文化」としてどのような形で提案してきたのかを昨年度（２０１７年度）までの18年間を振り返りながら考えてみたいと思います。そしてこれからの「エイブル・アート近畿」の新たな展開について展望してみたいと思います。

近畿ろうきんは、労働組合や生協などを会員とする、働く人のための福祉金融機関です。１９５０年の創業以来、「働く人からお預かりしたお金は、働く人たちの暮らしを支え合うために循環させる」という理念のもと、幅広い金融事業に取り組んで参りました。さらに、「ＮＰＯとの協働」を基本に、人とまち・暮らしを豊かにする「地域との共生」の諸活動にも取り組んでいます。具体的には、地域社会・福祉を支えるＮＰＯ法人等の資金需要に応える「ＮＰＯ事業サポートローン」、定期預金を通してＮＰＯ等の市民活動を応援する「社会貢献預金（笑顔プラス）」、子育て支援を助成金で応援する「ＮＰＯアワード」、近畿２府４県のＮＰＯ中間支援センターと連携して地域の市民活動を促進する「ＮＰＯパートナーシップ制度」などの事業を通して、当金庫は福祉金融機関としての新しい価値創造を進め、社会に対する貢献事業、共生促進事業をさまざまに展開してきました。

「エイブル・アート近畿」もこれらの営みの中で取り組んできた事業ですが、そのなかでも市民による「新しい文化」のあり方の提案を含む社会性のあるアートムーブメントの提唱として地域展開して参りました。今でこそ、障がいのある人のアート作品の展示は、企業等のメセナ事業の広がりの中で一般化してきておりますが、２０００年当時は、障がい者のアート展は、どちらかといえば、「障がいのある人たちが描いた絵をみんなで観よう」といった内容にとどまっていました。そのような中、障がい者福祉をリードしていた「たんぽぽの家」さんが、新しい動きとして、「障がいのある人たちのエネルギーに満ちた表現を新しい芸術として展示する」「そこから人と人の新しいつながりを、まちのデザインに合わせて物語をつくる」といったコンセプトを打ち出されていました。

１９９８年に近畿２府４県のろうきんを統合した〝新生近畿ろうきん〟にとっては、「たんぽぽの家」のこの新しいコンセプトとの出会いは、社会に広がる労金運動を内外に打ち出すテーマ性をもった社会貢献プログラムとして合致し、労働界の中でもとても共感できる取組みとして展開できると考え、これまでその営みを継続することができました。

「エイブル・アート近畿」は2府4県を巡回して毎年開催され、毎回、まちに出て企画を工夫し、市民とのアート連携が「企業の社会貢献」の世界で注目される企画となり、ちょうど一巡した2006年に《メセナアワード・文化庁長官賞》[※1]という名誉ある賞を受けました。

18年の年月の間、「エイブル・アート近畿」は、さまざま工夫を重ね、多くの方々が関わる市民参加型のアート活動の展開や、それぞれの地域でユニークな表現と出会う機会をつくり、まちを見直すきっかけをつくってきました。そんなアートによる「地域の再生」の営みとして、シャッター街となった商店街の中で、まちの再発見をテーマとした「世間遺産」や、地域の人が登場する「まちの記憶」「愛すべき隣人」、さらに、アートを公共空間だけではなく、身近な空間で楽しもうという発想での「プライベート美術館」は、家や店舗・労組事務所・会員企業の食堂・生協店舗・市役所ロビーにまで広がりました。また、会員労組との連携で、働く人の「手」や仕事の「道具」にスポットをあてた「手と手のプロジェクト」や「手に職」写真展なども開催されました。書家と障がいのある人たちのコラボレーションで、大きな筆を使って書を描く「ブラッシュ・アート」も

ワークショップで仕上げる力強い展示となりました。

このような「エイブル・アート近畿」の事業の広がりの中で、２０１３年からは、障がいのある人の創造性を生かして新しい仕事を提案する「Ｇｏｏｄ Ｊｏｂ！」が「たんぽぽの家」さんの事業の中で誕生し、障がい者のアートやデザインが商品となって百貨店などで販売されるなど、「エイブル・アート近畿」で生まれた価値がそれぞれの地域でのつながりを生かして、その地域で新しい仕事をつくるといった営みに発展してきています。

「エイブル・アート」の事業は、いろんな地域で、さまざまな企業がスポンサーとなって、あるいは自治体によっては文化祭典の中で実施され、今では普通に催される活動となってきています。近畿ろうきんでの取組みはその先駆けの一つであったわけですが、「エイブル・アート近畿」のコンセプトは、市民参加型の事業として、まだ他にない価値を地域で展開しています。そういった基盤の上に、さらに次のステップとして、障がいのある人の「生きがい」や「働きがい」を感じることができる、そんな社会づくりのプロジェクトを展望していこうと「たんぽぽの家」さんと話し合っています。

これまでの障がいのある人の作品をエネルギッシュな展示、コラボレーションやワークショップなどで障がいのある人もない人も共に表現する活動、といった到達点をさらに引き上げて、障がいのある人の作品づくりをさらなる自立の機会につなげていくことが求められています。すなわち、障がいのある人が、自らのアート作品を直売する機会をつくり、自信につなげていく事業です。そんな、販売体制なりマーケットプレイスをどんどん広げていくことが、新しい価値を創造する事業、自立に向けた事業として求められているのではないかと考えます。このような営みが進む先として、障がいの有無だけではなく、すべての人々が共に支え合い、互いに尊重し合いながら関わっていける社会に向けて「ノーマライゼーション」や「ソーシャルインクルージョン」を目指していきたいと考えます。

※1「メセナ アワード」とは、企業による芸術文化支援を推進する企業メセナ協議会が顕彰する文化庁とも連携した事業。当時の受賞は、障がい者の芸術活動の支援で、市民やNPO等も広く参加するなど、その活動が広く評価されました。

11　SDGs―持続可能な開発に向けたアジェンダ

新川 達郎

国際連合においては2015年「持続可能な開発サミット」が開催され、150を超える加盟国首脳が参加して、「我々の世界を変革する：持続可能な開発のための2030アジェンダ」を採択しました。このアジェンダは、「人間、地球及び繁栄のための行動計画」とされ、その宣言および目標を掲げました。これはミレニアム開発目標（Millennium Development Goals＝MDGs）の計画期間終了を引き継ぎつつ、すべての人間と地球の未来のための17の目標と169のターゲットを設定したものであり、「持続可能な開発目標（Sustainable Development Goals＝SDGs）」と呼ばれています。

従来のMDGsが南の国々を対象としてきたのに対して、SDGsはすべての人々と地球のための目標とされているところに大きな特徴があります。その17の目標は人間生活のすべての領域にわたっており、北の国々であれ、南の国々であれ、すべての地域にかかわるものという認識が背景にあるのです。そこには、「1.貧困をなくそう」、「2.飢餓をゼ

ロに」、「3.すべての人に健康と福祉を」、「4.質の高い教育をみんなに」、「5.ジェンダー平等を実現しよう」、「6.安全な水とトイレを世界に」、「7.エネルギーをみんなにそしてクリーンに」、「8.働きがいも経済成長も」、「9.産業と技術革新の基礎をつくろう」、「10.人や国の不平等をなくそう」、「11.住み続けられるまちづくりを」、「12.つくる責任つかう責任」、「13.気候変動に具体的な対策を」、「14.海の豊かさを守ろう」、「15.陸の豊かさも守ろう」、「16.平和と公正をすべての人に」、「17.パートナシップで目標を達成しよう」まで17の目標が幅広く整えられ、加えて、それぞれの目標には10以上のターゲットが設けられて、169の具体的な項目が挙げられています。またそれらの中には、2030年目標値だけではなくそれよりも早く達成すべきものも多く含まれているのです。

もちろん日本もこの決議に賛成し、その実現の責務を負っています。具体的には、国においては主に外務省がSDGsを担当していますが、今後は関係各省の取組みが活発になっていくものと思われます。地方自治体においては、すでに先進的に取組みを始めたところがあり、北九州市や滋賀県などがよく知られています。地方自治体においても今後はこの取組みがさらに広がっていくはずです。民間企業に目を転じて見ると、すでに大企業などでは、CSR報告書などにおいてSDGsへの取組みを大きく取り上げているところが登場していますし、実際に積極的な取組みを実施し始めているところも多いのです。

SDGsの特徴は、世界のすべての国と地域そしてすべての人々が取り組む目標であると同時に、17の目標が相互に深くかかわっていて同時に解決すべき課題となっていること、そして最も重要な原則は「誰一人取り残さ気候変動や地球環境問題が、地球上のすべての人々のさまざまな問題と密接に結びついていること、そして温暖化対策を進めるためにも広く問題を見つめなおして取り組まなければならないことを示唆しています。

私たち「京のアジェンダ21フォーラム」は、京都議定書が生まれたCOP3以来この20年間にわたって、地球環境問題を考え、地域から解決する、行動を起こす、という方針によって活動を展開してきました。その中で、省エネルギーラベルの活動や中小規模の企業に適合的な環境管理システムの開発と実装、また企業の社会貢献と学校の環境教育との連携などを実現してきました。１９９２年のリオサミットを契機に広がったローカルアジェンダの活動を、京都の地において、実際に成果の上がるものにしてきたという自負があります。

世界各地でのさまざまな取組みにもかかわらず、この間にも、地球環境問題はむしろ深刻さを増しており、温暖化対策だけをとってみても従来型の緩和策だけでは対応できず、適応策が必要となってきています。その一方では、ローカルアジェンダとしての活動も従来のままの活動を漫然と続けてよいのか、という議論も登場しています。地球環境問題が地域の環境問題と一体的にかかわっていること、また地域の環境問題の解決が地球環境問題の解決に直結することが強く認識されていますが、従来以上にローカルアジェンダがもっている地域からの実行力、地域の諸力をあげて産官学民の多様な主体を結び合わせて異なるセクター間の協働を実現する力に期待が集まっているのです。

現実には、私たちも多くの他のローカルアジェンダと同様に、アジェンダとしての問題提起において成功し、成果を上げることができた事例もあります。ですが、残念ながら常に新たなアジェンダを設定し、その問題解決を進めてきたかというと、必ずしも活発に活動できてはいないという反省もあります。新たな取組みもありますが、それらがさらに大きな成果に結びついているというよりも、その成果は部分的なものにとどまっているかもしれないのです。

このような反省を踏まえたときに、「2030アジェンダ」は私たちにとって改めて取り組むべき方向を指し示しているように思えます。つまり、私たちが取り組んできた気候変動の問題は、例えば、貧困をはじめとするあらゆる問題に直結していること、そして温暖化対策を進めていくことは貧困撲滅をはじめとするすべての問題解決に直結していくことを、SDGsというアジェンダが改めて明らかにし、私たちの運動の方向を示しているのです。

SDGsは、確かに総花的であって問題の表層だけを見ているという批判もあるのですが、その一方では、そのいずれの問題への取組みも他の問題と深くかかわっていて、それを意識しながら問題解決に当たることで、実は問題の本質に迫ることができるのです。NPO・NGOとしてのこれからの活動の方向を考える上では、私たちはSDGsからローカルアジェンダの新たな活動の目標と方法を汲み取ることができるはずです。そしてそれは私たちだけではなく、世界のすべての市民社会組織にとっても同じように重要な意義を持ち、それぞれが取り組むべきアジェンダが示されているのです。2030年に向けてそれほど残された時間はありませんが、私たちがなすべきことが、今、目前に整理され提示されていて、それぞれの力を尽くして取り組まなければならない状況にあるといってよいでしょう。

12　包括宗教法人の中間支援機能と社会的責任

西　央成

寺院を取り巻く環境は、少子高齢化、過疎過密化、あるいはライフスタイルの多様化等による変化を受けて、厳しい論調で語られることが多いものの、改めて地域社会における寺院の存在や役割についての注目や問い直しも行われており、特に研究面では寺院機能としての、ソーシャル・キャピタル（社会関係資本）の観点からも関心が寄せられています。

ところが、地域社会における寺院活動の現状は個々の寺院の判断に委ねられているため、知識やスキル、資源が無いという理由で活動に着手できていない寺院が一定数存在していることも、調査により明らかとなっています。個々の寺院の力では取り組みにくい側面に対しては、多くの寺院が包括関係にある包括宗教法人（宗派の事務所。以下「教団」）の支援機能が重要になると考えます。しかし、先述のような寺院を生み出していることから、支援機能が充分に満たされていない可能性があることを指摘できます。私は、この支援機能について問題解決の手掛かりを得るため、龍谷大学大学院で政策学の観点から、特に伝統仏教教団の機能や組織について研究を行いました。

教団の中間支援機能

教団が行っている支援は、一般的に中間支援と言われるものです。即ち、教団が直接何かの事業を展開するのではなく、寺院の何らかの活動を支援し、または教団が支援者（資源等）と活動者の仲介をするという構造です。教団は、中間支援という言葉を用いずとも中間支援を行ってきた歴史があります。例えば、明治以降の社会事業の展開にあたって、教団は寺院の社会事業を支援するための体制構築や事業の展開をしています。戦後、各教団で近代化や体質改善を目指してさまざまな運動が展開されたことも、その一環と言えましょう。しかしながら、宗教法人法が施行されて以降、寺院それぞれが独立した法人（団体）となり、宗門への帰属意識が相対的に緩やかになったとも言われています。教団の支援も、寺院との関係性の変化を動態的に捉えなおすことが求められています。

2017年、全日本仏教会に加盟する教団の一部に調査をしたところ、中間支援という言葉は認識していませんが、一般的な中間支援の概念に通じる事業を展開していることが分かりました。事例の一部として、浄土真宗本願寺派の「寺院活動支援部（専任部署の設置）」、真宗大谷派の「教区駐在教導（コーディネーター）」、天台宗の「認定NPO法人AMDAと災害支援活動の協働（仲介）」等。もちろん、他の教団・事業においても多種多様で、「事例集」「研修」「資金支援」は大半の教団で行われていました。

私の研究では、教団の支援のあり方について、NPOに対して中間支援を行うNPO（以下「支援NPO」）を参考にしました。法人格を有するNPOも一つの独立した団体であり、寺院は元祖NPOと言われ、支援NPOも教団も民設民営組織であること等から、その支援のあり方について類似性や親和性が高いと考えられます。加えて、助成金を受けたことのある寺院に対しても、中間支援の概念をもとに資金以外の支援の需要調査を行いました。

教団の中間支援機能の課題

支援ＮＰＯの支援、寺院の需要と教団の支援を三者比較すると、支援ＮＰＯは資源仲介の双方向性や多様性、マネジメントに関するサポート等が教団より充実し、寺院の需要はコーディネートやロビイング、教団職員の現場への出向（アウトリーチ）等、人的・機能的な支援の充実を中心に求めていることが分かりました。調査結果を総論として取りまとめて比較していますので、部分的に取り組んでいる教団もありますが、概ね資源を準備して提供するという物量的なものより、教団のコーディネート力や支援の企画力といった質的な機能が求められているとも言えます。

このことから、教団の中間支援を充実させるためには、まず、コーディネーターやプログラムオフィサー（助成機関における助成プログラムの創出、運営、展開等を行う人）といった人材が不可欠です。その上で、マネジメントサポートや組織および活動内容の妥当性を評価する第三者による評価等、専門的な知識が求められる支援についても制度や人材が要求されます。また、教団の支援をコーディネートする人材の配置については、教団の事務所より寺院に近い教区等へ配置することも支援の効果を高めるために必要であると考えられます。さらに、寺院の活動は萌芽段階、初動段階、成熟段階を経て自立し、その段階に応じて支援のあり方が変わります。教団

図　支援ＮＰＯと教団の支援構造の類似性

支援ＮＰＯ
支援
参考
教団
支援
ＮＰＯ
地域社会
寺院
地域社会

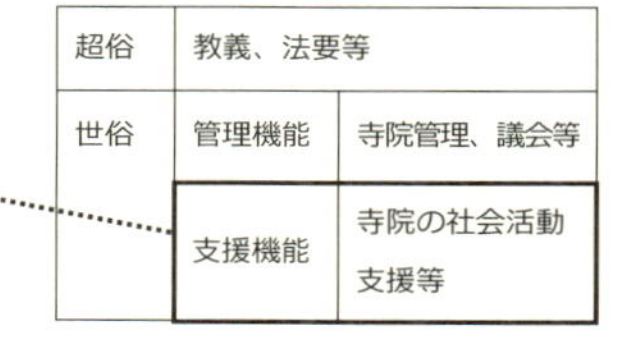

教団の多元的構造

超俗	教義、法要等	
世俗	管理機能	寺院管理、議会等
	支援機能	寺院の社会活動支援等

は萌芽段階への支援も多く用意していますが、適切にコーディネートできていない可能性があります。

研究の結論として、教団の中間支援には専門性が求められていることから、すでに多くの実績や経験のある支援ＮＰＯと協働することを一案として提言しました。教団の職員に専門性を求めても良いのですが、基本的にジェネラリストとして採用・育成されるため、中間支援機能や一般社会と協働するための理論知が不足します。もっとも、理論知が必要となれば専門家を招聘すればよく、職員は理論知を理解する能力（リテラシー）があれば十分とも言われています。※1

教団の社会的責任

なお、支援機能の活動領域が伸展すると社会との接点も多くなります。教団の社会的責任は外在的な社会制度上のものではなく、一義的には教団としての布教と教化、それらを担う良き僧侶の育成が求められます。次に、寺院や僧侶が時代に即応した持続的な信仰心の啓発や維持の活動を行う環境の構築、そして、地域社会と寺院をつなぐための活動を支援することです。そのためにも、支援のアウトカム評価や説明責任、情報公開等が求められると考えます。

また、教団の中間支援について「どこまでやるか」という観点から考えると、教団外部では僧侶派遣（仲介）や寺院運営を指南する研修等が活発化しています。教団の中間支援の活動領域と、このような教団外部の支援との関係性については、寺院が教団に包括されるメリット、あるいは教団の存在意義に直結する問題であると考えます。もちろん、むやみに支援を展開すれば資源不足や形骸化、硬直化を招きますが、今後ますます、教団の中間支援機能のあり方について問われ、求められる可能性があります。

※１　秋吉貴雄「入門 公共政策学」２０１７年、中公新書

13　まちづくり仕事づくり――地域のための民間・市民シンクタンク

東　信史

私たち、まちとしごと総合研究所は、地域づくり・仕事づくりを専門とする、民間発・市民発の地域のためのシンクタンクです。今、日本の地方都市は長引く不況、少子高齢化、人口減少等の要因から、非常に厳しい状況にあると言われています。ある調査によれば、2040年までに、現在約1800ある自治体は半数に減少、523の自治体が人口1万人を割るという予測も出されました。私たちは、こうした地域が迫られている厳しい現実や未来予測をしっかりと受け止めつつも、地域にとってはこれまでのあり方を見つめ直し、自らの判断で次の一歩を踏み出せる、大きな転換のチャンスであると捉えています。

地域づくりの主体は地域です。私たちは、そんな地域へのプライドとこだわりを胸に、多くの方々と協働しながら、地域に必要な仕事や、課題解決に向けたローカルビジネスを創り、そして発信し続ける

存在になりたいと考え、２０１５年より活動を始めてきました。そこで、私たちが大事にしている5つの価値があります。

- イノベーティブ　それは地域の革新に本当につながるか
- サスティナブル　それは地域の持続可能性を本当に高めるか
- クリエイティブ　それはこれまでにない創造性が本当にあるか
- レジリエンス　それは地域のしなやかさや強さを本当に高めるか
- グローカル　地域のまなざしをもちながら世界を志向できているか

この価値を私たちの関わる意義とし、そこに携わる私たちを地域におけるシンカー（思考者）として位置づけ、さまざまな実践や研究を行っています。そして現在は、大きくは3人のメンバーがそれぞれの領域・地域において活動を行っています。

〈京都市東山区〉

東山は、祇園や清水寺や、高台寺、知恩院など、日本有数の観光地として有名なエリア。華やかなイメージの一方で、京都市内でも高齢化率が圧倒的に高く（32・4%、２０１５年）、また空き家率もダントツで高い（22・9%、２０１３年度）など、課題先進地域の顔も併せもっています。そんな東山区において、多様な人や団体が集い、情報や知恵を交換し合い、新たな気づきや活動を生み出せる創造的な場「コミュニケーション・デザイン・スタジオ」を構築し、市民自らが多方向に飛躍でき、課題の解決に取り組めるまちを目指し活動しています。

具体的には、市民参加型の公共空間の新たな活用を模索し、市民と共に対話を重ねながら、センターの公共空間の一部のリノベーションやコミュニティ・ガーデンの運営など、個人・団体が出会い交流が生まれる創造的な場づくりや、メディアを活用した情報発信を実現するため、ラジオ番組づくりや映像作成講座、シネマ・フューチャー・セッション、リテラシー講座など、情報発信の担い手づくりにも力を入れています。その他にも、まちの魅力の再発見プロジェクト〝私たちが歩いた東山写真展〟を行ったり、まちの隠れた人材や活動の担い手発掘、創出事業を行っています。

〈京都市伏見区〉

伏見は京都市の南部に位置し、農業の盛んなエリア、多くの外国人が訪れるエリアと、多様な顔をもっています。一方で京都や大阪のベッドタウンとして新興住宅地や団地を抱え、高齢化が進むエリアや買い物が困難なエリアなどの課題も抱えています。社会全体としてこれまでと違った様相を呈し、伏見においてもさまざまな形で姿を現し始めています。新しく生まれてくる伏見のまちの課題に対しては「これ」という特効薬はなかなかありません。それに対して学生や、地域の若者・シニアまでお互いに地域や課題について学び、気づきを共有し、地域課題に対応して変わり続ける仕組みとして、コミュニティ・ラーニングを促進しています。

具体的には、まちづくりにまつわる各種地域のデータや国勢調査を、小地域や学区ごとにデータを編集し直してまちづくりのモトとなる「マチノモト～データのチカラ」を発行したり、広報誌、WEBサイト「UTTOCO」（URL https://www.ikik243.com/uttoco）を運営しています。その他に、2011年度より龍谷大学政策学部と連携した大学生の地域課題解決プログラム〝Ryu-SEI GAP〟を実施し、若者がまちに関わる仕組みづくりを構築しました。さらに、地域の課題解決に対し、実践アイデアを出し合う地域型フューチャーセッション「カイケツ・テーブル」の実施や、高齢化率約40％の地域のシニアの居場所として、多世代交流拠点きょういく基地をスタートし、シニア世代の「得意」や「やりたい」を叶える拠点づくりを実施しています。

〈和歌山県有田川町〉

有田川町は、2040年には、まちの人口が現在の2万7000人（2016年時点）から約8000人減少し、働く世代1人が高齢者1人を支える人口構造になると予想されています。そんなまちで、〝全米一住みたいまち〟に輝いた「ポートランドモデル」を先進事例にし、「住む」「暮らす」という視点に重点を置きながら「〝有田川町で暮らす〟という豊かさ」を改めて見つめ直すプロセスを一緒にやりたいと想い、事業が始まりました。

活動としては、地域の資源や課題を調査するフィールドワークや、ワークショップ『ＦＵＮ』を実施し、今後の未来で、どんな事業や活動が生まれているか等を、約１０００名の地域住民とともに描きました。他にも、リバースプロジェクトの伊勢谷友介らの協力のもと、有田川町に住む若い女性たちによる『女子会』の立上げや、公有施設の民間活用モデルづくりとして、廃園となる保育所の利活用に向け、住民チームが中心となり、地域住民のニーズを調査するとともに、これからの活用プランを提案するプロジェクトを行っています。

〈今後の展望〉

活動を始め、私たちのシンカーとしての役割が少しずつ見え始めてきました。それは、地域に住まう人たちとの対話を促し、未来を描き、実現に向けてさまざまな人たちをつなぐこと。関わる人たち一人ひとりの力を引き出し、総力戦で地域のこれからに立ち向かっていくための、壁打ち相手となることのように思います。そして、「支援」や「サポート」という役割だけに留まらず、ときには実践者としても事業展開を進め、ともに地域の未来を実現する一員として活動を進めていきます。

14　利用者本位のサービス向上を目指して　福祉サービス第三者評価

平尾　剛之

２０００年６月に実施された社会福祉基礎構造改革によって、支援の必要な高齢・障害者などに対する福祉施策は、介護保険制度や措置制度から契約制度に移行することになりました。これまで、「行政処分」であった支援対象者は、サービスを利用するお客様という立場に転換されたのです。それと同時に聖域なき規制緩和策として、これまで福祉制度を担う専ら（もっぱら）の主体であった社会福祉法人などに加え、株式会社や特定非営利活動法人（以下ＮＰＯ法人）も福祉制度・政策の担い手として参入することが可能になりました。

そもそも税金を投下する公共サービスの担い手は行政であり、民間が担うことは「原則禁止」という考え方に基づいて公共サービスは運営が行われてきた経緯があります。無認可作業所や無認可保育所などの名称は、原則、行政から認可されている法人が担うことが前提となっていたことからの呼び名であったのではないでしょうか。行政が直接担い難い公共サービスに関して、許されて認められて初めて可能になる法人、いわゆる旧法民法第34条および特別法で規定され、今日まで許認可主義により法人格の取得が可能だった財団法人・社団法人・社会福祉法人などは、民間法人でありながら限りなく官製に近い立場で公共サービスを担ってきました。公益を目的とした団体が法人格を取得するということはこれまで容易なことではなかったのです。

１９９８年に特定非営利活動促進法が制定されてからおおよそ20年が経過した現在、５万件を超えるＮＰＯ

法人と、法人格をもたない任意もしくは民間団体が多数存在しており、その中には公共サービスを担う団体もたくさんあります。しかし、周知のとおりＮＰＯ法人は、認証主義により法人格を取得した団体であり、社会福祉法人や旧法の財団・社団法人のように法人格取得そのものに関して、官が深く関与し、外形的に官によって信頼を担保された団体とは違う民間性の高い法人格をもった団体として誕生することになったのです。さらに、２００８年に行われた公益法人改革により、旧法の財団・社団法人は、５年の移行期間を経て、一般財団・社団法人もしくは官からの公益認定により公益財団・社団法人に選別されました。一般財団・社団法人に関しては、官の関与がまったくない登記だけで人格を有することが可能になり、法人としての生まれを官が明確に関与する団体と、一部もしくは全く関与しない法人が対等に公共サービスや制度事業を担うという玉石混合の時代がやってきたのです。

福祉サービス第三者評価事業は、官によるこれまでの法人格取得に関する「事前規制」から、サービスを提供する団体の適正運営を確認する必要性が生じてきた流れの中で、「事後規制」として生み出された一つの社会的機能だったと言えます。

ここ京都では、介護・福祉サービスの第三者評価事業の推進組織として、２００５年10月「京都介護・福祉サービス第三者評価等支援機構」が創設されました。各都道府県に一つ第三者評価の推進機関の設置が義務づけられていますが、そのほとんどは各都道府県が担っている中で、京都の場合は、京都府、京都市、各関係団体（79団体・個人）を構成団体として組織化するという全国でも類を見ない特徴的な運営を行っています。以来、

2017年度末までに、2746件（介護サービス分野2043件、福祉サービス分野703件）の評価件数を実績としています。これは任意受診の府県においては全国トップの実績になっています。

では、評価とは何を評価するのでしょうか。さまざまな捉え方があることを前提として、これまでの経験から大別すると、①組織のガバナンス・マネジメントなどを評価する組織評価、②サービス（事業）を生み出すシステムなどを評価するシステム評価、③サービス（事業）そのものを評価するサービス（事業）評価になります。

この福祉サービス第三者評価は、サービスを生み出すシステムの評価を行っています。簡単に説明しますと福祉サービス第三者評価は、ミシュランガイドのような「勝手に格付け」評価ではなく、評価機関側と評価受診（受審）事業所側の合意（契約）により、自己評価結果に基づき第三者が行う評価です。専門性を担保した複数の評価調査者が事業所を訪問し、自己評価と同じ基準で第三者的かつ客観的に行う評価（survey）であると言えます。

また、評価というとどうしてもあら探し（ネガティブ・コレクト negative collect）をするようなマイナスイメージで捉えられがちですが、私たちが志向する評価は、現場の実践値の向上に伴走型で寄り添えるような評価（ポジティブ・アシスト positive assist）であることも重要な視点として押さえておきたいところです。京都では、第三者評価の受審を審判の「審」を使わずに、診療の

「診」を使っています。良し悪しを判断・判別するのではなく、現状を適切に評価し、良き実践の特筆化と改善点の気づきを共有・可視化することが「京都方式」と言えます。

「事業所は自ら提供するサービスの質の評価を行い常に良質かつ適切なサービスを提供するよう努めなければならない」と介護保険法および社会福祉法に規定されており、第三者評価の対象となる事業所は大きく介護分野とその他福祉分野に分かれています。

対象事業所には、特別養護老人ホームや通所リハビリテーションなどの介護サービス事業所、福祉分野には、保育所、社会的養護関係施設（乳児院、児童養護施設、児童心理治療施設、児童自立支援施設など）、障害のある人の事業所（生活介護、就労継続支援B型事業所、グループホームなど）、児童館などがあります。基本的に事業所は3年に1度の第三者評価受診（受審）が推奨されていますが、2012年度から社会的養護関係施設だけが3年に1度の義務受診（受審）になりました。

そもそも、評価結果は誰のものでしょうか。第三者評価は行政監査と違い、第一義的にその結果は、評価を受けた事業所と事業所を選択する（選択できる環境にある場合は）受益者に帰属することになります。結果を受けて、いかに改善するかは事業所が判断することが大切であり、判断に資する評価情報を適切に伝えることが第三者評価の重要な役割なのです。

※情報提供：京都介護・福祉第三者評価等支援機構

公益財団法人助成財団センター・オピニオン誌「JFC VIEWS NO.88」から一部抜粋再編集

15　中間支援組織の役割と新しい価値の創出―ほっとけないをほっとかないソーシャルディレクション

平尾 剛之

ローカルインターミディアリーの苦悩

以前筆者は、各地域における純粋（民設民営型）な中間支援組織いわゆるローカルインターミディアリー（local intermediary）の活動が、他地域の主体的活動の領域において直接的に影響を及ぼすことは少ないのではないかと考えていました。

これは、かつてのミクロ経済学において、他の経済主体の活動が自己の利得に影響を与えることは少ないとの理論的発想に類似性をみることができると考えていたからです。しかし、官製型中間支援組織（純粋型とは区別）およびローカルインターミディアリー自身の存在や機能が、グローカル（グローバルとローカルの造語 glocal）化かつグローバル（global）化・普遍化し、分類されていく中で、それぞれが刺激し合い作用していく過程において、相互に影響していくことの方がむしろ自然の理であるといえます。また、個別ローカルインターミディアリーにおける機能的・専門的分化がゲーム理論（game theory）への傾斜にさらに拍車をかけている状況にあり、すでに限定的な地域における利得換算はしにくい状況にあるのではないかと考えるようになったからです。

このゲーム理論の中で、ローカルインターミディアリー自身がインターミディアリーとしての一般的な概念にしばられたままプレーヤーとして戦っていくか、また、一般的なインターミディアリーという概念からの離脱を志向した機能性を追求していくかの選択に関する議論は、いささか遅きに失した感があります。現状において前者の選択は、インターミディアリーに求められる機能的定着性およびビジョンなき安定感がそれぞれのR＆D（研究と開発 research&development）の意欲・志向性を阻害し、イノベーションを生み出しにくい構造を助長する危険性にさらされています。後者の選択は、市民社会における「共通言語性」を失い、社会の認識と乖離した専門的領域へ突き進み、インターミディアリーであることの基本的な立ち位置が理解されず、「違うもの」と認識されてしまう可能性があると考えるからです。もちろんインターミディアリーという属性に固執するかどうかも判断が必要ですが。

いずれにせよ、各地域におけるステークホルダー（利害関係者 stakeholder）の支援ニーズや利益は何か、組織ミッションに対する最大の成果の創出は何かを見極め、プレーヤーとして判断していくことこそがローカルインターミディアリーの役割であり、かつ最大のジレンマと言えるのではないでしょうか。社会の趨勢に対応できないローカルインターミディアリーは、今後、社会的淘汰から逃れることはできません。ローカルインターミディアリーは、今まさに苦悩と葛藤の中にいるのです。

中間支援組織の基本機能と役割

きょうとNPOセンター（以下、KNC）は、これまでインターミディアリー（intermediary）いわゆる多様な社会セクターにおける中間支援組織として、企業や行政、非営利組織・市民社会組織の中間的な立ち位置で円滑なリレーションシップ（関係性 relationship）やパートナーシップ（協働 partnership）をつむぎ・引き出し・促進する役割を担ってきました。広義もしくは狭義の民間非営利組織に対しては、ヒト・モノ・カネ・情報を中心とした資源仲介・情報の収集および発信を行い、特に大学等の研究機関や支援団体と連携した社会資源や革新的な社会事業・組織の創出に関する研究・開発（research&development）事業には、これまで多大な労力を注ぎ、その成果を発揮してきました。

非営利組織（NPO）にとって大切なことは、「非営利であること」ではなく、「組織ミッションの達成に向けて明確な事業を展開し、成果を発揮すること」です。いわゆるMPO（ミッション達成優先組織 Mission Priority Organization）です。

多様な社会課題と真摯に向き合い公益的な活動を行う団体がそのミッションを組織として達成するために、KNCはそれぞれの団体に対して最適なマネジメントサポート（management support organization）・インフラストラクチャー（組織基盤整備 infrastructure）・キャパシティビルディング（組織基盤強化 capacity building）が行えるよう自らも学びながら伴走型の支援を行い、組織としてのディスクロージャー（情報開示 disclosure）とアカウンタビリティー（説明責任 accountability）を推進し、ファンドレイジング（資金調達 fundraising）の強化に寄与することを基幹的なミッション（使命・目的 mission）として活動してきました。※1

市民活動の20年のインパクトに寄り添って

私たちの目指す市民社会において、「何が変わり、何が変わらなかったのか！」

２０１８年度は、１９９８年12月1日特定非営利活動促進法が施行され20年の節目を迎えます。非営利組織（ＮＰＯ）は社会に対してどのようなインパクトを与えたのでしょうか。そしていま、非営利組織は大きな転換期にあります。「社会にある課題に対して、（行政や他人任せではなく）自分たちでもなんとかしたい」という思いで始められた活動も、担い手の高齢化や課題の変容により、捉え直し・編み直しが求められています。少し前なら担い手の世代交代をどうするかが問題でしたが、現状では世代交代ができないことを前提に事業活動と組織運営に向き合っていく必要があります。中間支援組織またはＫＮＣ自身も、自分たちの存在意義（raison d'etre）が問われており、変化（進化）が求められているのです。

しかし、社会全体としては、これら団体の「ほっとけない」という活動にただ乗り（フリーライド free ride）し、特殊な存在として本質的な内容を理解しようとせずに「ほったらかした」のです。

われわれ中間支援組織は、現状を把握しながら、明確かつ有効な手段を講じることができず、またその手段を講じたとしても、その手段自身を育み成長する時間も必要であったのです。ＫＮＣが生み出したコミュニティバンクや組織評価・認証システムなども、社会が成果を実感するにはまだまだ時間がかかりそうで、即効性のある魔法の杖（magic wand）とはなり得なかったのです。

戦後、公共サービスは、専ら行政が担うものとされてきましたが、バブル経済崩壊以降の日本社会は、これまで培ってきた価値観が別の異質な価値観によって浸食され、新たな課題、多様な課題と向き合うなかで、「公共サービスの担い手」は、「行政だけではなくなった」もしくは「対応できなくなった」こと、この新たな公共サービスの担い手として登場したＮＰＯの存在は、徐々に社会に浸透し受け入れられながらも、その真の価値・存在の意義を正当に理解されないまま、無意識かつ構造的にフリーライドされる状態を生み出し、活動側の気力・体力・資源力が無尽蔵であるかのような扱いのなかで疲弊していったことは、前章でも述べました。これらは、ＮＰＯ・市民活動が成長するうえで致命的な障害となっており、ＮＰＯ市場の深刻な阻害要因となっています。

日本（日本政府）の借金が1千兆円を超えると言われている現状において、行政セクターの住人だけが公共を判断する時代でないことは明らかであり、これまでの社会システムは根底から見直される必要があります。そのプロセスにおいて再度、ファースト（行政）セクターに社会システムを付託する前の母体、基幹（初期ｏｒゼロ）セクターの社会的機能を高める必要があるのです。

基幹セクターに向けた中間支援組織の役割の変革

ＫＮＣ第４期中期経営計画のキャッチフレーズは、「ほっとけない を ほっとかない (resolute to unwavering resolution)」です。「社会にあるさまざまな課題に対して、ほっとけないという思いで活動している団体を私たちは、ほっとかない」という意味です。ほっとけないという思いで活動している団体とは、ＮＰＯ・市民活動団体です。では、それらの団体をほっとかないとしている「私たち」は誰を指しているのでしょうか。一つは、中間支援であるＫＮＣそのものですが、もう一つはフリーライドしている社会を指しています。

ＫＮＣを含む中間支援組織の第一義的支援対象者は、前述のＮＰＯ・市民活動団体およびそのプレーヤーでした。しかし今後は、基幹セクターでフリーライドする社会そのものを支援者に変えるための支援が必要なのです。グラウンドで戦っているプレーヤーにとって必要なのは、球団や監督・トレーナーだけではなく、応援スタジアムやファン（応援者）であり、ファンを持続的に楽しませる仕掛けがあってこそプレーヤーは活躍できるのです。その発想の転換と仕組みの構築そのものが、中間支援組織の機能変革として必要なのではないでしょうか。

※1　ＫＮＣ中期経営計画２０１６〜２０２０前文一部抜粋

16　市民コミュニティ財団と市民性

深尾　昌峰

２００９年に京都で京都地域創造基金が設立され、資金仲介者として市民の寄付を活発化させ、市民による公益活動の展開を促そうとする市民コミュニティ財団の動きが生まれました。市民コミュニティ財団とは「地域課題の解決に向けて、市民が主体的に取り組む市民活動をはじめとする取組みに対し、市民による寄付や投資に基づき資金仲介組織」と定義づけられています。基本財産や助成金の原資を、広く多くの市民や企業などに呼びかけ、寄付を募ることによって調達し助成を行っています。政府・自治体や特定の企業・団体・個人から独立した存在で、多くが公益財団法人や認定特定非営利活動法人などの公益性の高い人格を基盤に積極的な情報開示、透明性のある運営を行っています。寄付税制を積極的に活用し、多様な形で寄付を呼びかけることで多くの人々に、地域づくりや課題解決への取組みの参加が可能になる環境をつくり出すことを目指している存在です。

京都での設立以降、全国でも同様の動きが生まれ、２０１８年4月現在、全国で約30の市民コミュニティ財団が設立あるいは設立準備がおこなわれています。２０１３年には全国コミュニティ財団協会も設立され機運も盛り上がっています。

市民コミュニティ財団の主活動は、寄付者からの寄付を受け取り、それを原資として市民活動団体などへ助成をおこなうことです。その意味合いは、市民性を支えることです。私たちの社会は、社会的な価値や課題は時代と共に立ち位置が変化します。行政が肥大化した現代社会において、ややもすると「困りごと」はすべて行政責任に帰結させてしまう風潮もあります。しかし、行政は法律に基づいてしか行動ができませんから、マイノリティである当事者が抱える萌芽的な社会課題や前衛的と社会が捉える事象に対しては、原理的に行政は対応することができません。加えて社会課題の解決に資する資金が税金という形で政府に集中する私たちの社会においては、市民組織が政府から資金の「配分を受ける」構造に陥ってしまいます。その結果、市民活動と行政の「同質化」が進行し、自治体の顔色ばかりをうかがう市民活動がスタイルとして定着してしまう危険性があります。行政の委託・補助・助成が、市民活動団体の収益構造のメインとなると市民性は回収されてしまう危険性があります。

［フェーズ1］は課題の当事者やその周辺の友人や家族が課題や課題を抱えている当事者に気づき「ほっとけない」と思い行動を起こす段階です。しかし、この時点で社会がその課題や状況に対するアプローチとして政治的正当性を付与できるかと言えばかなり困難です。特定の人の「わがまま」と映り、それらへの対応は納税者が許さず、マイノリティとして社会的な偏見や差別にさえさらされる段階です。

［フェーズ2］の段階は、課題解決を願う支援者の裾野が広がり組織化がおこったり、課題を多くの市民に知ってもらうことを目的に啓発的な事業や調査研究等も展開されるなど、市民的連帯によって課題解決に

向き合う段階です。
［フェーズ3］の段階は、課題自体が社会全体に広く認知され、立法や政府・自治体の施策にあがり、明確に社会課題として位置づく段階です。予算措置がとられることや価値として社会に根付く段階ともいえます。

これらの変遷はＤＶ（ドメスティック・バイオレンス）でも、不登校児の問題でも、ひきこもりの問題でも、環境保全の問題でも、女性の人権の問題でも、性的マイノリティの問題でも歩んできた道筋です。行政では「その時点」において手が出せない領域、市民にしか動けない領域が存在するということです。言い換えれば、これこそが市民活動として重要な側面であり、市民性を背景とした先駆性であり市民が支える公益の本質の一つです。

ここで問題となってくるのは、フェーズ1やフェーズ2の課題、未来の「当たり前」につながる萌芽的な課題への対応は「誰が支えるのか」ということです。資金面に限っていえば、この部分を市民社会に対し可視化させ、資金を集め、支えることができるのが民間助成財団という存在です。特に市民コミュニティ財団では生活が存在する地域をドメインにもつ分、この部分の求めら

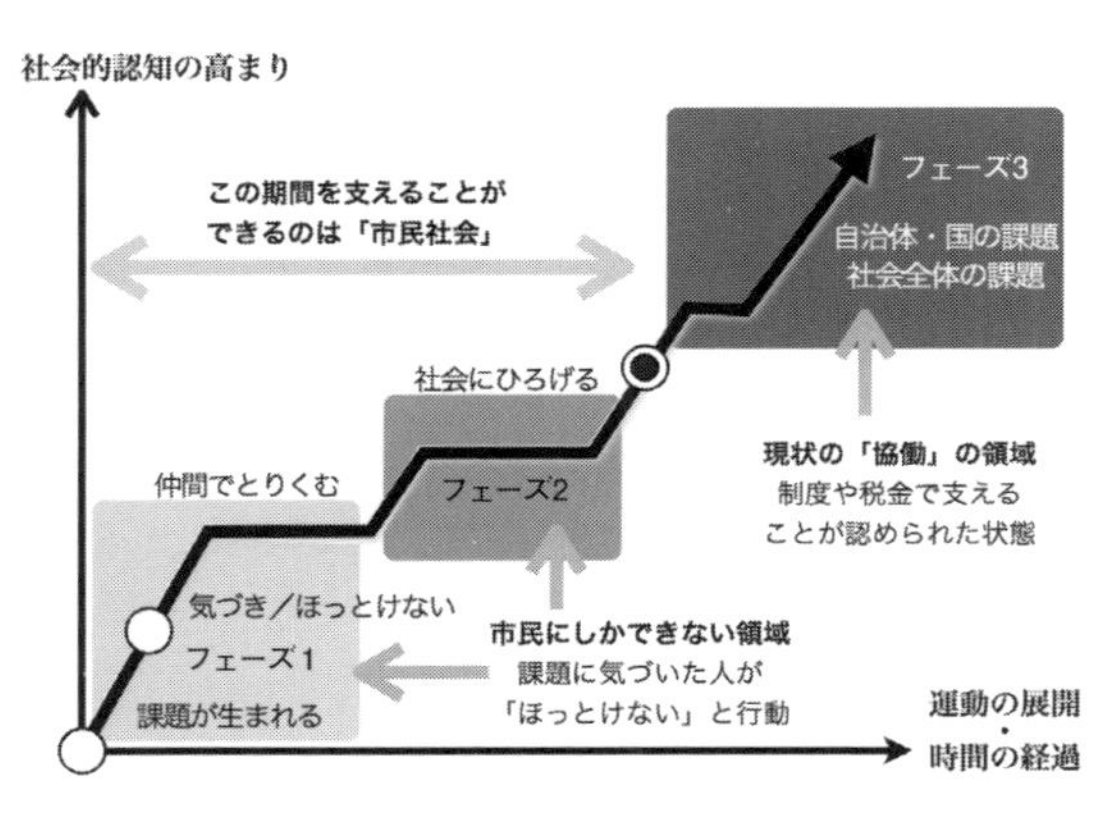

れる役割は大きいと考えます。市民的な先駆性は時として、規範を逸脱する、もしくは逸脱を視野にいれて構想すること、権力への対峙も時として重要な営みとなるのです。このようなフェーズの課題に向き合い、資金提供を行うことが市民コミュニティ財団の役割なのです。

また、市民コミュニティ財団のもう一つの重要な役割は課題の可視化・共有化を促し、課題解決のソリューションを自らつくり出す、もしくはそのような「場」を生み出すことです。当事者の声をひろい集め、数値情報を整理し、背景情報や地域に蓄積されてきた情報を探し出し総合的に分析することで課題やニーズを的確に把握します。多様な担い手とそれらを共有し、関係する人材や組織をつなぎ、解決策を構築し、そのプロセスをデザインし、資金提供も合わせてコミュニティ財団がおこなうことで、社会的な共通価値を共創しソーシャルインパクトをつくり出していくものです。「コレクティブインパクト」と呼ばれるこれらの取組みは、市民コミュニティ財団が現在、全国各地で取組みを進めています。資金仲介だけでなく地域の課題を可視化させ、担い手や活動を創り出していくインキュベーション機能をコミュニティ財団が果たしているともいえます。

このようにコミュニティ財団のゴールは「助成」や「分配」にあるわけではありません。市民の課題解決に向けた情報やリソースの再構築、対処的になりがちな現場のエンパワーメントやキャパシティビルディングを現場のＮＰＯと一緒に並走型で展開することで、ソーシャルインパクトが生成されるところに市民コミュニティ財団の価値があるのです。

17　営利を分配しない非営利株式会社

深尾 昌峰

ＮＰＯとして、日本で初めての放送局「京都コミュニティ放送」（通称 ラジオカフェ）の設立やさまざまな「非営利」の事業を立ち上げてきた経験から、まだまだ市民性の高い事業「まちのシゴト」を支える「社会技術」の欠如は大きな問題だと認識してきました。特に、資金面でＮＰＯなどを支えるインフラとして２００９年に公益財団法人京都地域創造基金を立ち上げて以降、ファイナンスに関する社会技術とインフラの整備が急務の課題だと認識してきました。

２０１１年の東日本大震災での気づきをもとに私自身は「社会的投資」の重要性を訴えかけることに傾斜していきます。地震そして津波はたくさんの人々の生活を一変させてしまいました。そして福島第一原子力発電所の事故。私たちの生活というものがいかに薄氷の中で営まれているかを再確認させられた惨事でありました。一方で、そこで生き抜こうとする人々の覚悟や決意に接した時、地域経済のあり方、持続可能な地域経営のあり方を模索しなければいけないという、同時代に生きる者としての共感や使命のようなものを東北を訪れるたびに感じたのでした。それは、阪神・淡路大震災の時に大きく価値観を揺さぶられ、きょうとＮＰＯセンターをつくる原動力となったものと重なる気がしています。お金の流れが社会を変えうるという可能性を信じ、社会的投資を地域社会に実装化する実験を始めたいと思いました。

そこで、2012年に株式会社PLUS SOCIALを起業しました。会社のキャッチコピーは「社会的投資をデザインする会社」としています。起業当時は（いや今でも）「社会的投資」自体がメジャーではなく、概念的な認知度も低く特に地域社会における社会的投資の活用方法やモデルがなくプロトタイプをつくり出す必要性を痛感していました。PLUS SOCIALでは社会的投資を活用した地域貢献型の再生可能エネルギー事業や空き家のリノベーション、地域づくりのコンサルテーションなど幅広く事業を全国で展開させていただいています。資本金300万円の小さな会社ですが、弊社が社会的投融資としてお預かりをし、事業を展開させていただいている金額も30億円を超え、地域における社会的投資の可能性の一端を明らかにすることができたのではないかと考えています。

また、弊社の大きな特徴の一つは「非営利型株式会社」であるということです。文字通り「非営利」ですので、利潤相当額を株主に分配しないということ。それらを定款に明記しています。利潤相当額は地域社会に寄付を行い、市民セクターを共に支える事業体として2018年4月現在、累計として8000万円以上を公益財団法人などを通じて地域社会に寄付することができました。

社会的投資をデザインするということを標榜して事業活動を行ってきたわけですが、大きな手応えを感じはじめています。一例をあげれば、社会的投資を活用した自治の仕組みという観点でのプロトタイプづくりでは滋賀県東近江市で「成果連動型補助金制度」を展開しました。これまでの補助金は、自治体などが補助金を受ける事業者などに直接交付をし、収支報告を受けます。しかしこの手法は必ずしも「成果志向」になっておらず、適切な執行がなされたか（＝正しくお金を使ったか）が焦点になりがちです。そこで東近江市では、補助金の交付決定プロセスの中で明確な成果目標を双方合意の上設定し、それらの情報を開示した上で、市民から事業への出資者を募りその資金を事業者に渡し、事業成果を検証し成果が出ていれば行政が補助金を出資者に償還するモデルを一緒に構築しました。これにより、双方に成果への明確な志向性が生まれたことはもちろん、出資者（市民）が当事者として健全なオーナーシップを発揮することにもつながりました。出資者からすると成果を出してもらえないと自身の拠出したお金が返金されない訳ですから、成果実現に向けて出資者も一体となって応援する構造ができあがります。つまり、出資が「参加」として位置付いているともいえます。補助金が出るということ自体は、公益性が高く、その生み出される成果は「まちのため」になるものです。社会的投資は目指すべき成果を可視化させ、コラボレーションと多様な参加をデザインし、新たな自治像を拓き始めています。

このように地域における社会的投資は、持続可能な暮らしをつくり出していくための可能性を大きく示唆しています。しかし、それらは従来のカジノ型資本主義を支えてきた延長線上にある金融工学では実現は難しく、社会的投資を地域で拡げつなげていくためには新たな金融の仕組みが必要であることに気づかされました。そこで、私たちは日本で初めての社会的投資専業の金融会社「プラスソーシャルインベストメント株式会社」（ＰＳＩ）を２０１６年に起業しました。ＰＳＩは第二種金融取引業のライセンスを取得し、みなし債権の組成を積極的に行っていくことで、社会的投資のフェーズを変化させていこうと考えています。また地域の金融機関との積極的な連携を通じて社会的投資を身近なものに変えていきたいと考えています。具体的には、資金調達が必要な市民性や当事者性から出発した事業に対してPSIはみなし債権化し、その債権を金融機関の窓口で市民が購入できる環境などを構築したいと考えています。金融機関の窓口という生活に密着した場で、課題を知らせ、それに取り組む主体の存在を伝え、そしてお金を出資するという形で関わり合いをもつ環境を整備したいと考えています。地域に密着した課題解決に対しての投資という形で暮らしの維持や価値創造に多くの市民が参加できる、参加するという意味をもちます。この構想もすでに複数の金融機関から賛同をいただき、京都から全国にスキームが拡がろうとしています。

一方で、お金の仕組みだけつくっても社会的な意味合いはありません。お金の流れ、すなわち金融はあくまでも手段です。当事者が主体となったさまざまな事業のインキュベートや伴走支援、時には共同経営などの手法をもちいて、新たなお金の流れが活きる状態をつくり出すことが重要です。いま、プラスソーシャルグループは、働きづらさを抱えた人々の仕事づくりや持続可能な地域社会のエコシステム構築事業を行っています。多様な主体との協働を通じて寄付を含めた社会的投資が活きる地域社会を実現していきます。

18　災害時もNPOが活動し続けられるように―災害時連携NPO等ネットワーク

牧　紀男

ＮＰＯという言葉が示す組織のイメージは日本と少し異なっていますが、ＮＰＯが社会を維持する上で不可欠な存在となっている米国・カリフォルニア州においては、州政府から補助金を得ているＮＰＯは州政府と同様の防災の仕組みを採用することを義務づける規定が存在しました。ＮＰＯの活動が活発になればなるほど、災害によるＮＰＯの活動停止の影響が大きくなります。ＮＰＯが実施している給食サービスがストップするとサービスを受けている高齢者はたちまち食事に困り、ＮＰＯによる病院送迎サービスが停止すると病院に通えなくなります。

聞き慣れない言葉かもしれませんが災害時の業務継続（ビジネス・コンティニュイティー business continuity）ということが近年、防災の世界で注目されています。これは災害時にも組織が活動し続けられる、できるだけ早く活動を再開することを目標とした新たな防災のあり方です。これまでは営利企業が主たる対象だったのですが、近年は行政機関でも事業継続計画がつくられるようになってきています。

京都府では2012年京都府南部豪雨、2013年台風18号、2014年8月豪雨と3年連続で大きな風水害が発生しました。2014年8月豪雨では福知山市内が冠水し、ＮＰＯの事務所も被害を受けました。災害時のＮＰＯのイメージは、避難所で被災した人々を支援する、ボランティアセンターの活動を担うというものです。しかし、被災地のＮＰＯは被災した人々に対する支援をするどころではなく、事務所が被害を受け業務ができず、さらに業務の再開のための業務に忙殺されていました。福知山の災害から得られた教訓はＮＰＯも被災する、そしてＮＰＯが業務を再開する際の相談・支援窓口、さらには安否確認の仕組みさえも存在しないということでした。

福知山の教訓を踏まえて設立されたのが「ひとこえかけて支え合う―災害時連携ＮＰＯ等ネットワーク」（通称「災害ＮＰＯネット」）です。「ひとこえかけて支え合う」という言葉が団体名の前についているのですが、この言葉こそが「災害ＮＰＯネット」の活動目標を表しています。被災地に寄附をする場合、被災した人々にお金を送る「義援金」や被災地で活動するＮＰＯ等の団体の「支援活動」に対してお金を送る「支援金」が知られていますが、現地で被災したＮＰＯを支援する仕組みは一般的ではありません。「災害ＮＰＯネット」の目標は、被災したＮＰＯに対する支援の仕組みをつくることにあります。またＮＰＯ等とあるように地域で活動するさまざまな団体もメンバーです。災害ＮＰＯネットという名前から、災害時の被災した人に対する支援活動をするようなイメージがあり、設立に当たっては災害時の活動を主たる目的とする団体の方々からもさまざまなご意見をいただきました。しかし、災害ＮＰＯネットのメンバーの多くは災害時に支援活動に特化していない一般のＮＰＯ等の団体であり、こういった団体の災害時の相互扶助組織が「災害ＮＰＯネット」なのです。被災地で活動している地元のＮＰＯ等団体の活動が再開できることが、被災した人々への支援を行う上で不可欠だと考えています。

さまざまな専門性をもつ団体が集まっているという利点を活かした被災地支援活動も行いたいと考えてい

ます。メンバーには、アレルギーのある子どもたちの支援団体、鍼灸師、土地家屋調査士、中小企業家の団体、託児支援等、さまざまな専門性を持った団体が存在します。各団体は、それぞれの分野では全国の組織とつながっています。これまで災害ボランティアセンターでは十分対応できなかった、特別な事情を抱える被災者（スペシャルニーズ special needs）の支援を行うことが「災害ＮＰＯネット」のもう一つの目標です。災害に見舞われると、アレルギーがあり避難所の食事があまり食べられない、家の片付けのために子どもの預かりが必要などなど…、通常時には問題とならなかったような問題が顕在化します。現状の体制ではまだまだ難しいのですが、将来的には災害ボランティアセンターに災害ＮＰＯネットのコーディネーターを常駐させ、被災地のスペシャルニーズをメンバーとなっているＮＰＯにつなぎ・支援対応を行うことを考えています。

「災害ＮＰＯネット」は、きょうとＮＰＯセンターが事務局となって実施された1年間の検討会での議論を経て、２０１５年5月に設立されました。現在は、月1回幹事会を実施し、活動について議論を行うとともに加盟団体の交流を深めています。また、災害時に登録団体の安否確認を行う「ひと声メール」、登録団体が被災してパソコンや文具さらには人的支援が必要な場合の物資の調整を行う「支援物資マッチングポータルサイト」といったウェブシステム（URL https://hitokoe-npo.jp/）の整備を行い、システムの講習会を実施しています。設立以降、幸いなことに大きな災害には見舞われていませんが、２０１７年9月の

台風18号、10月の台風21号時には災害ボランティアセンターが設置されたことから「ひと声システム」「支援物資マッチング」のシステムを稼働し、また台風23号では舞鶴市を訪問して現地のＮＰＯの状況の確認を行いました。

まだ発足して間もないことから、京都府が事務局を担っています。しかし、将来的には自立していく必要がありますが、なかなか難しい状況です。ＮＰＯの「災害時の保険」のような業務を担う組織としてどのように事務局を維持する予算を確保するのかについて考える必要があります。京都中小企業家同友会もメンバーとして参画していますが、災害ＮＰＯネットが目指すのは中小ＮＰＯ同友会だと考えます。平時はＮＰＯ相互の情報交換を行い、災害時にはＮＰＯ相互の安否確認と、地元ＮＰＯとしての被災地支援、またさまざまな支援者が集まる調整会議の場では地元ＮＰＯの窓口としての機能を果たすことができるような組織として、長く継続していけるような体制構築が今後の課題だと考えています。

19　地域の子どもたちと育ち合える環境づくり

村井　琢哉

共助から公助へ

山科醍醐こどものひろばは、2000年3月にNPO法人化する以前から京都市山科区・伏見区醍醐地域のなかで、子どもとその家族とともに子どもたちの豊かな育ちの環境実現に向けて活動を行ってきました。団体のスタートは1980年で、当時は会員制の共助型の事業体でした。この共助型事業体の期間が長かったこともあり、NPO法人化し、より社会や地域の子どもを意識した公助・公益型の事業に移行した後も組織内部での意識やビジョンの確認を何度も重ねました。そして徐々に現在の姿になってきました。NPO法人化して18年経ちますが、振り返るとその前半の10年間に自分たちの存在や、取り組むべきことについて過去の20年間とも向き合いながら議論し、思いを確認したことが、その後の8年間を支えてくれたと感じています。法人化してから世代交代を重ね、理事長も私で3人目となり、また、かつての子どもとしての参加者が理事や事業担当になるなど共につくる人々の顔ぶれも循環しています。

子どもを取り巻く環境の変化に向き合うための価値

人が巡っていくことで、語る言葉、形作る事業、関わる人は過去と比べても変わっていきます。そして子どもを取り巻く環境、社会の変化の影響もあり、年々新しい姿になりながら活動をつくり出していくことになります。ここで時代時代の活動の軸を支える土台となったのが、かつて多くの議論を重ねた経験とその内容だと感じています。何を大切にしていくのか、だれとともに活動をつくっていくのか、何にこだわっていくのかという議論と事業化の過程の中で山科醍醐こどものひろばに関わる人たちの中に、それぞれの言葉で蓄積されていったものがあったのではないかと考えています。議論すればするほど手法は変化しますが想いは輪郭がはっきりしていく、そして関わる人たちの中で言葉になっていくという気づきと、想いは時代を超えて普遍であることを再認識しました。その言語化されたものが、子どもを起点に、「子どもが育つ」そのための「豊かな環境」を「子どもも大人も」ともにつくり出すということでした。そして子どもだけでなく、一人ひとりが主体となり、また他者とともに活動を通じ、ともによりよいまちや未来を創造するために「できること」「したいこと」「求められること」を実践していくことができる器としての組織として「あり続ける」ことを大切に現在も活動をしています。

「ひとつながりの育ち」と「地続きな暮らし」

法人化しての18年間は、演劇鑑賞やサマーキャンプ、地域の子ども会活動という手段や、対象年齢が比較的限定された従来の活動から、よりすべての子どもと活動ができるように、0歳からのひとつながりの育ちを意識した事業構成と、子育て家庭や生活に困っている家庭の困りごと解決や安心できる機会づくりとして参加者や寄せられる相談、また希望などから多くの活動をつくり出しました。子どもは同じひとりの人間が成長し、また状態が変化していきます。だからこそ「いつでも、どんなときでも」という視点も大切にしています。

そしてその活動は、住民のみなさんや地域の大学生などの若者がボランティアとして次々と生み出してくれています。しかし子どもを起点にはじめることで事業数も増え続けることとなり、その支えとして事務局の整備や有給職員の配置でその活動をサポートする体制を強化し続けています。

子どもを募集から、子どもがいるところへ

週に6日は基本的に活動があり、これまでは参加者募集ということにも力を注いでいました。一方で広報に力を注いでも、子どもに届かないことも多くなってきました。地域の「すべての子ども」へのアプローチを意識すると、広報力が足りないが、そこに力を割けば現場の運営が厳しくなるという状況が続くことも出てきました。そこで、子どもを募集するのではなく、すでに今子どもがいる場、機会に活動を「持って出かけよう」と活動のアウトリーチを展開しています。結果的に多くの関係者と協働することになり、その機会を重ねることで、子どもから改めてまちの想い・つながりを編み直すような機会にもなっていると感じています。

事業づくりから文化づくりと醸成へ

現在、当会の取組みで注目されているのは「子どもの貧困対策事業」と社会課題が打ち出されているものになりますが、条件にあてはまる子どもがいるわけではなく、たまたま出会った子どもがその状態にあるだけであり、育ちも状態もひとつながり、一人の子どもと共に育ちあうか、それをどうまちにひろげるかが大切になります。また実際に子どもが育つ環境は私たちとの活動場面より、家庭、学校、地域で過ごす時間の方が多いため、この部分が変わっていかないといけません。活動をアウトリーチしはじめたことで、はじめはさまざまな考えが衝突することも多いですが、私たちのもつ視点や考え、価値を伝える機会ともなり、そこからどうしていくか議論を重ねることで、新しい子どもに関わる文化が生まれ、浸透しはじめています。事業はみんなができる訳ではないですが、文化なら日々の暮らしとして取り入れることもできます。これからの実践の中では、子どもがどこにいても、「豊かな育ちの環境」に囲まれている地域、社会になるように、組織として息長く、世代交代も重ねながら取り組んでいきたいと思います。

20　京都の観光施策のゆくえ

森野　茂

「観光」は、さまざまな産業を巻き込んだ国の重要な施策となっています。観光庁によると2017年に訪日外国人旅行者数は2800万人に達し、その消費額も4兆円に達しました。政府の目標では、訪日外国人旅行者数2020年4000万人→2030年6000万人（2015年の約3倍）、訪日外国人旅行消費額を15兆円（2015年の4倍超）と観光産業を「GDP600兆円に向けた成長エンジン」と位置づけ、幅広い産業に影響を与える戦略の柱としています。一方で、日本人の国内旅行は、減少傾向にあります。京都市でも2017年の観光客が3年連続5500万人を達成しましたが、訪日外国人旅行者の急増で、一部の観光地に外国人観光客が集中して日本人観光客がゆっくり観光できないとの現状があります。また、違法民泊も騒音やごみ問題など、住民とのトラブルが発生しています。その年の京都市の調査によると訪日外国人旅行者の満足度は98％と極めて高く、日本人観光客も89％と高い水準にありますが、日本人観光客は、混雑による残念度が増していると回答しています。このままでは、せっかく京都観光に訪れても撮影禁止や見学、拝観制限の場所が増え続ける可能性があり、対応策を検討しなければなりません。これは、満足度の低下につながり再来訪する可能性が少なくなるなど早急に解決しなければならない問題です。京都市観光の現状と課題から京都市が抱える「外国人観光客の急増による日本人観光客の減少と満足度の低下、住民の不満」は、京都市内の一部に集中している観光客を京都市郊外や京都府内に分散する必要があると考えています。そこで日本人観光客と訪日外国人観光客のバランスを取りながら戦略的に観光客を増やすことに着地型観光が有効であり、地元を熟知している旅行業者がサスティナブルな着地型観光を企画、実施するべきです。政府は、すべての旅行業者に対して着地型観光を実施できるように2007年に旅行業法の施行規則等の改正を行いました。これまでの研究で、着地型観光は「顧客満足度が高い」「リピーター客につながる」「地域活性化につながる」と言われていますが、全国的にも成功例は少なく、京都でも府内に本社がある旅行業者が245社あるにもかかわらず、継続して着地型観光に取り込んでいる旅行業者は、僅かです。これは、旅行業者にとって「収益化が難しい」「全国に発信する広告宣伝が難しい」ということが原因のようです。

京都の着地型観光を成功させた事例として、京都府の旅行業者50社で組織する京都府旅行業協同組合は、京都市と岡崎地域（岡崎地域の施設、地元住民が中心となっている京都岡崎魅力づくり推進協議会）と連携して協働で取り組んだ着地型観光「岡崎桜回廊十石舟めぐり」という企画があります。きっかけは、2003年に「第3回世界水フォーラム」の開催で日本財団から寄贈された和船十石舟2隻を利用したことから始まりました。2005年から毎年春の約40日間に南禅寺舟溜りから夷川ダムまでの岡崎疏水を往復約3キロ、25分の行程を2隻の舟で15分ごとに運航しています。近年は、観光客を分散するために早朝や夜間運航も行い世界中から約2万人が乗船するほどの人気になりました。また、私が経営するアルファトラベル㈱では、地域面積の9割を山林で占める京都市右京区京北町黒田の片波川源流域にある、西日本屈指の巨大杉群落「伏条台杉」で着地型観光に取り組んでいます。地元住民にとっては、何もないと思われた杉群落の森が観光素材になることで、京都市の観光客の分散と地域の活性化につながるのです。普通の景色が魅力ある観光素材になり、地域住民のガイドによる案内と地域の婦人部が作るお弁当、地元で採れた農産物を買うことで地域活性化に貢献しています。このように地域の旅行業者が着地型観光に取り組めば、一部に集中している観光客を分散して、地域を活性化することに一定の効果があります。地域の旅行業者が関わることにより、現在は発地型の顧客（自治会、老人会、女性会）や地元企業が着地型観光の商品づくりの人材になり「地域住民との協働」で企画することができるのです。顧客のターゲットを細かく絞り込み、それぞれの層にあった魅力ある商品を企画することにより、リピーター客や富裕層の顧客を取り込むことができれば、着地型観光で収益を確保することが可能となるのです。埋もれている地域資源を活かし、まずは、日本人観光客が訪れてみたい地域をつくることで、日本人観光客の満足度を高めることができ、また、そういったところに外国人観光客も魅力を感じているようです。京都に住んでいる住民と京都で働いている人たちにも関わってもらうことで地域の良さ

をさらに知ってもらい地域の人たちに地元愛も生まれ誇りをもってもらうことにもなります。

着地型観光を持続して成功させるには、「人」がキーワードになります。「地域協働（地域住民のスタッフ・ガイド）」によって付加価値の高い商品企画を生み出すために、スタッフやガイド、観光に携わるリーダーなどの人材育成の必要性や、地域住民のおもてなし意識を向上させることが重要です。京都のあらゆる分野の事業者や地域住民が観光産業に対して理解し、積極的に関わってもらい連携をとることが重要であり、地元の旅行業者と行政、地域住民、関連するＮＰＯ、ＤＭＯ（Destination Management Organization）との連携で観光開発をすすめ安定的に収益確保をするためのビジネスモデルをつくることが必要です。

また、地域の飲食店やお土産屋さん、体験施設等とも連携することでその地域にお金を落としてもらう仕組みをつくることも必要です。それと地域自体も観光客向けに観光地として大きく変えるのではなく、できる限りそのままの状態を維持できるように取り組み、飲食店で提供する食事もその地域で採れた食材を使って、普段、その地域の人たちが食べているものを提供することの方が喜ばれます。

さらに、観光地経営の舵取り役として観光庁が取り組んでいる日本版ＤＭＯも海の京都ＤＭＯ、森の京都ＤＭＯ、お茶の京都ＤＭＯが京都に登録され地域活性化に期待されています。

独自のルールで環境の保全にも配慮し、早急に観光バスやトラックの排ガス規制を実施するべきです。世界遺産地域への自家用車の通行規制、電気自動車の推進、観光バスの駐車場確保やアイドリング停止を徹底し、観光資源の発掘や保全、観光に携わるＮＰＯ、人材育成の施策に必要な財源、訪日外国人の観光客の受入れ環境整備を確保するために宿泊税も有効に活用するべきです。これから京都の観光施策は、他の地域の見本となるようにならなければならないと思います。京都を訪れる人と京都に住む人が満足できるようにしなければならないのではないでしょうか。

21 さらなる支援環境の構築を目指して—信頼性と透明性の向上を図る組織評価

吉田 忠彦

１９９８年の３月に特定非営利活動促進法（ＮＰＯ法）が成立し、その後急速な勢いでＮＰＯ法人は増加しました。それまでの民間公益活動の受け皿となる法人制度は、民法34条を根拠法とする公益法人（社団、財団）とその特別法による学校法人、宗教法人、社会福祉法人、更生保護法人などに限られ、主務官庁による許可や認可を法人成りの要件とするような、官の裁量性や指導監督を前提とするものでした。さらに、それらの法人は税法上では「公益法人等」に一括され、法人税の免除をはじめとする税制優遇を受けることができたため、税制の悪用が警戒されたこともあって、法人成りの許可や認可はかなりハードルの高いものとなっていました。それどころか、非営利でかつ公益性が認められなければ税制上の優遇にふさわしくないため、官が判断する公益性が認められないと法人格すら得られない事態となっていました。

このような問題点は早くから指摘され、その改正方法の試案もいくつか提示されていましたが、それには民法や税制を改革するという大がかりな作業が必要となるために、なかなか具体的に推進する動きにはなりませんでした。その状況を変えたのが１９９５年の阪神・淡路大震災でした。行政がほとんど麻痺状態となる中で、多くのボランティアが被災地に駆けつけ、被災地では人々が自発的に助け合っていました。こうした非常時でなければ見えなかった人々の自発性やつながりの重要性を痛感した日本の社会は、それを支えるための法的基盤の整備が必要であることを悟りました。そしてNPO法が成立し、その後には公益法人制度の改革も行われました。

NPO法と公益法人制度改革は、従来の制度を改訂したというだけのものではありません。官が仕切る社会の仕組みに、市民が仕切る仕組みを付け加えたのです。官に任せないで市民が自ら活動を起こし、それに社会的な地位（法人格や税制上の資格など）を与えるという流れの堰を切ったのです。

市民社会を叫んでいた者たちにとっては勝利かもしれません。しかし、勝ち取った権利は、そのまま責任となることを忘れてはなりません。その仕組みが本当に謳い文句のとおりに動かなければ、たちまちまた元の官にお任せの社会に戻ってしまうでしょう。

NPO法ができて20年。公益法人制度が百年以上かかって生み出した法人数の約2倍ものNPO法人が生まれました。さらに、公益法人制度改革によって生まれた一般社団法人・一般財団法人はさらに急速なペースでその数を増加させています。今や官へのお伺いは不要で、簡単に団体を立ち上げ、法人格を取ることができるのです。それどころか、官がそれを奨励し、支援さえしてくれます。

しかし、簡単に始められたことが、簡単に、あるいは正しく実行され、成果をあげられるとは限りません。以前の公益法人制度における官による厳しいコントロールは、いわば事前チェックであり、それを通過することができれば官の保護があり、また責任も官がもつという仕組みでした。しかし、われわれはそれとは違う仕組みを選んだのです。事前チェックはほとんどないまま、誰もが自由に団体を起こし、法人となり、事業を行う。それが正当なものなのか、妥当なものなのか、望ましいものなのかは、事後チェックとなるわけです。もちろん、市民活動は多様であるべきなので、その判断は難しいでしょうが、何を支持し何を支持すべきでないかは、官ではなく、市民が自分たちのこととして判断せねばならない仕組みなのです。事後のチェックとともに、事後の支援や協力の仕組みも必要です。

この20年ばかりは、とにかく新しい市民社会の土台を築くために無我夢中で団体を生み出してきました。そのため、市民が自由に自発的に行う活動を、市民が事後にチェックし、そして支える仕組みの構築は遅れがちでした。きょうとNPOセンターでは、その仕組みとして「きょうえん」という事業を築いてきました。これはNPOが団体の基礎情報と活動報告や決算報告を開示し、それらの情報についてきょうとNPOセンターが情報確認を行い、認証するもので、ステップ3では訪問調査まで行います。基本コンセプトは、NPOの「ブラックリスト」ならぬ「ホワイトリスト」づくりです。

このような仕組みは市民社会を構成するための基本であり、その必要性は京都に限られるものではありません。ここに「きょうえん」とは別に社会的認証の仕組みを開発し、推進することをミッションとする社会的認証開発推進機構(AAC)を設立する目的がありました。団体の名称に「京都」の文字が入らないのはそのためです。

チーフとしてこれを推進したのは平尾剛之でした。平尾は、事務局長も務めていたきょうとNPOセンターを辞し、退路を断ってこれに取り組みました。まだ法人制度ができて間もない2011年の早春に一般財団法人としてＡＡＣは立ち上げられました。しかし、ＮＰＯの世界ではまだまだ評価や認証に対する関心は低く、地道にパイロットケースを積み上げながら、評価・認証の仕組みを磨く日々が続きました。

市民活動団体の評価や認証の仕組みの必要性を感じていたのは他にもいました。その一つが日本財団でした。そこでは、海外の先行事例などが研究されていました。そしてそれらの日本での適用の難しさを感じていたところに、京都での実践を知ったのです。両者は協働して評価・認証の仕組みを全国的に展開することを構想し、新たな組織を立ち上げることになりました。太田達男氏（公益法人協会理事長）、田中皓氏（助成財団センター専務理事）、松原明氏（シーズ理事）、鵜尾雅隆氏（日本ファンドレイジング協会代表理事）、源由理子氏（日本評価学会副会長）等をメンバーとする設立準備委員会を経て、一般財団法人・非営利組織評価センターが２０１６年に設立されました。

非営利組織評価センターはまだ準備期間にあり、本格的な稼働のためのフィージビリティ調査等が進められてます。20年あまり活動を続け、勝手のわかっている京都でやるようにはいきません。京都では経験を積んだ調査員による訪問調査まで行っていますが、全国的にこれを実施するには調査員の数が足りないし、システムも整っていません。

全国版の仕組みが完成し、定着すれば、それを目指したＡＡＣの役割もひとまず終わるのかもしれません。しかし、パイオニアとしての役割は今もうしばらくは残されているようです。

大項目	中項目	評価項目
行体制と管理	事業を推進するための体制やルール	□組織的なルールに沿って、事業の評価を定期的に行っている
		□組織的な手続きやルールに基づいて、各事業が執行されている
		□事業実施の成果を、多様なステークホルダー（利害関係者）と共有している
		□単年度事業計画に基づき、事業が適切に遂行されている（実施／遂行度）
		□経理や会計に関する専門的な知識やスキルをもった担当者やアドバイザーがいる
社会資源の活用	社会資源の連携と活用（企業／行政／市民など）	□市民から物品提供や寄付等に関する実績について
		□政府・行政との協働の実績について（政府セクターとの協働）
		□企業・団体との協働の実績について（企業セクターとの協働）
		□他のNPOや市民活動団体、大学等との協働の実績について（同セクター内での協働）
		□ボランティアや協力者の受入れを積極的に行っている
情報の公開と社会的信頼	第三者による評価	□民間財団や行政等のアワード（表彰）事業等を受けたことがある
		□組織および事業内容・活動内容が社会的意義の重要性から特筆的に、メディアによって紹介されたことがある
		□審査・評価に基づいて、財団や企業から助成金の給付を受けたことがある
		□行政等公共性の高い機関から、組織や事業への認証・評価を受けたことがある
	情報の公開	□支援者・寄付者、その他、多様なステークホルダーに対して、確実に情報提供を行っている
		□フロー情報（活動状況等、常に変化する情報）について公開し、常態的に更新している
		□ストック情報（常態的には変化のあまりない組織情報等）について公開し、必要に応じて更新に努めている
		□組織の基礎情報や事業成果について、多様に公開する手段がある
組織のリスクマネジメントと社会的責任の追求	組織の社会的責任の追求	□環境に関する取組みについて定期的に評価が行われており、課題や次の目標が明確に示されている
		□環境的持続性の観点から、環境に配慮・負荷の軽減に関する取組みを行っている
		□本来的事業とは別に、新たな市民社会の創造にむけて組織としての考え方を表明し、取り組んでいる
	組織のリスクマネジメント	□リスクマネジメントに関する内部研修や教育の機会がある
		□事業・活動に対するリスク対応をしている
		□個人情報に関する取り扱い規定がある
		□重要なデータ等の情報管理が適切に行なわれている
		□重要な書類等の保管は適切に行われている

STEP3 CHECKLIST
ステップ3 評価項目

大項目（6分類）	（社会的使命）組織ミッションと事業の推進		組織と経営管理			事務局の執	
中項目（13分類）	（社会的使命）組織ミッションの確立	組織ミッションと事業の策定	意志決定機関とガバナンス	適切な財務計画と執行・管理	職員と労働環境	組織・事務局体制の確立	会計全般
小項目（50分類）	□組織ミッションが明確に示されている □非営利組織としての位置づけが明確に示されている □組織ミッションに基づいた公益的な事業が推進されている	□組織ミッションに基づく中長期的なヴィジョン・計画が策定されている □ミッションとの整合性に基づく単年度事業計画が策定されている □単年度計画の策定は組織的なコンセンサス（合意形成）に沿って進められている	□組織の理事会、役員会等（意志決定機関）が置かれ、明確に機能している □組織の理事会、役員会等の意向に基づいたガバナンス（統治）体系が確立している □組織の理事会、役員会等および執行事務局は、コンプライアンス（法令遵守等）の観点から組織として取組みを推進している □総会等、広く会員（社員）に対して、最終的な意志決定に関わる機会をもうけている □理事や役員等は、組織の財政基盤・経営環境を把握し、適切な管理を行なっている □経営状況における監査（主に会計監査）の実施をしている	□財務に関して、中長期的な視点から計画・執行している □特定の財源のみに依存せず、非営利組織として特色のある多様な財源を継続的に確保している □税制に関する組織的状況を把握するとともに納税等適切に対応している	□就業規則等、労働環境に関する規定に基づいて、職員の就業状況を適切に把握し、管理している □労働環境の整備を行っている □職員、非常勤職員、アルバイト等の職制・役割の違いを明確にし、職制に応じて適切な労働環境に努めている □人材育成に積極的に取り組んでいる	□事務所機能を有している／連絡体制がある □法人登記に関して適宜・適切に手続きが行われている □収益事業開始届、事業・決算報告等、組織として必要な手続きが行われている	□現金の支払いや受取りについてのルールがある □ルールに基づいて適切な管理がなされている

第Ⅲ部

特別収録

きょうとＮＰＯセンター設立20周年記念事業

特別企画シンポジウム第1弾
「超高齢社会・社会福祉制度基盤を担う人材は誰か
―副業規制緩和によるセカンドキャリア形成を目指して」

（編集　きょうとＮＰＯセンター）

本稿は、２０１７年11月27日に開催したシンポジウム「超高齢社会・社会福祉制度基盤を担う人材は誰か」の内容を要約して収録したものです。

本シンポジウムは、トヨタ財団の「しらべる助成２０１６」を受けて行った調査研究事業「福祉現場で企業人が活躍　副業規制緩和による新たな就労機会」でのアンケート調査結果をふまえて開催しました。アンケートは、社員、中小企業の経営者、福祉事業所の経営者それぞれを対象として副業解禁およびそれに向けた職場環境づくりへの意向などを調査しました。

シンポジウムでは、すでに副業解禁を実践しているロート製薬株式会社の取組みの経過や考え方の紹介のほか、アンケート実施に協力を得た、京都中小企業家同友会および京都府社会福祉法人経営者協議会のほか、今後の施策展開を見据えて京都府からもパネリストを招き、展望を語り合いました。

基調講演

「否・常識な働き方改革　複業解禁の期待」

矢倉　芳夫氏（ロート製薬株式会社　広報・ＣＳＶ推進部副部長）

ロート製薬株式会社では、２０１６年に新しいスローガンを発表した際に、「社外チャレンジワーク制度」として複業を認める方針も打ち出しました。この「社外チャレンジワーク制度」は、人事制度を改革する際に若手社員にもアイデア提供を呼びかけ、提案されたものの一つでした。

この制度を考える際、最初に2つの問いをたてました。①人生を何年と想定するか ②自立とは何か、という2つです。「人生は１００年」という考え方もよく聞かれるようになりました。人が１００年生きるとすれば、個人の働き方、生き方はもちろん、それに必要な社会の制度は変わるはずです。自立については、ある福祉関係者の「自立とは、依存先をたくさん持つことだ」という言葉に、目からウロコが落ちる思いをしたことがあります。依存先とは、言い換えれば「関係先」です。障害がある人たちの生きにくさは、関係先が親などに限られていることにあって、限られていた関係先がなくなると、たちまちに生きにくくなってしまうのです。それが問題なのだということでした。私自身、一つの会社で働き続け、つまり、一つの会社だけに依存しているわけです。これは果たして自立していると言えるのでしょうか。そんなことから、会社や部門の枠を外すことが大切なのではないか、と考えるようになりました。

複業解禁にあたって、一般的には、過労などによる社員の健康が心配されることは理解できます。しかし、「自分の時間を、仕事でも趣味でも、もっと自由に使いたい」と思う人が、健康状態まで会社に管理されたいと思うでしょうか。社員の健康を心配することと総労働時間管理は似て非なるものです。複業を希望する人に必要なのは配慮や支援であって、管理ではないのです。複業の結果、社員が会社を辞めたとしても、それは人材の流出ではなく輩出と考えることもできます。複業禁止が人材をとどめるばかりか、閉塞感となって、流出を招く可能性もあります。情報漏洩も懸念点としてよく指摘されますが、複業をしなくても漏洩は起きます。社員を信じ、その人の可能性を信じること、そして、今の時代、会社が社員の人生を支える力にも限界があることを承知することが必要なのではないでしょうか。

ダイバーシティという言葉は、女性や外国人活躍という文脈だけでなく、個人の中のダイバーシティという視点もあります。個人の可能性に賭けてみることが大切なのです。

パネルディスカッション

パネリスト
田島 慎也氏（京都中小企業家同友会　事務局長）

４割もの企業経営者が、副業規制緩和をしても良いと考えているというアンケート結果は、自分が想定していたものと大きく異なっていました。企業は、提供する製品やサービスで社会の役に立ち、また社員が働きやすい職場であることで、自社の魅力づくりをしてきたと思いますが、これからは社員が自己実現しやすい社風づくりが、魅力を増幅すると考えるようになりました。

勤務時間以外の時間や休日をどう過ごすかは、社員の自由であり、副業禁止で制限することもおかしなことです。副業を希望する人はどんな人かを考えると、自己管理能力が高く、自分の人生をもっと豊かにしたいという向上心をもつ人ではないでしょうか。副業などにより、人生充実度、自己実現度を高めたいと考える社員を、経営者が寛容性をもって受け入れていくことが求められる社会になってきたのだと思います。

パネリスト
櫛田 匠氏（京都府社会福祉法人経営者協議会　会長）

介護の現場、福祉施設での仕事といっても、さまざまな仕事があり、介護の専門知識が十分でなくても、携われる業務があります。福祉施設としては、そうした情報を積極的に発信して、関われると思ってもらえることが大切です。

発達障害は、良好な人間関係を築き、維持し、強化していくことに難しさが感じられる障害といわれます。企業の最前線で働く人たちが、福祉現場にやってきて、人間関係を構築するというスキルを見せてくれること、それが障害のある人たちに与える良い影響などには期待したいところです。

地域の企業で働く人が、地域の福祉施設でも働くことは、人口減少地域では、人材を生かすことにもなるでしょう。また、地域に貢献できる人材が社内にいるということは、企業にとってもイメージアップになるのではないでしょうか。

パネリスト
田村 智氏（京都府健康福祉部　介護・地域福祉課課長）

現場や利用者の変化に応じて、福祉サービスのあり方も変化していますが、地域の人々の生き方や企業

で働く人たちのニーズといった社会的な変化とも、うまくマッチさせていくことが、必要だと感じています。企業で働く人たちを受け入れることは、介護福祉サービスの質を高めていくことにもつながります。そのためには、行政の役割も含め、一緒に考えていける環境づくりが大切で、両者をつなぐ中間支援機能が必要になるでしょう。

特別企画シンポジウム第2弾

「災害時の情報伝達における地域コミュニティ放送の役割と備え」

（編集　きょうとNPOセンター）

本稿は、２０１８年年１月28日に開催したシンポジウム「災害時におけるコミュニティラジオの役割」の内容を要約して収録したものです。

本シンポジウムは、近畿労働金庫地域共生推進室と近畿圏内の中間支援組織との連携事業「ＮＰＯパートナーシップ制度」で２０１７年度内に実施した事業の成果共有の場をＫＮＣ設立20周年記念シンポジウム企画として開催しました。

２０１７年度は、近畿圏内のコミュニティラジオ局（一部県域局含む）のメンバーと共に、同年度９月に地震被災地である熊本市および益城町を訪問した後、「震災当時の地域放送局としてのラジオの役割」について、株式会社熊本シティエフエムおよび自治体運営の益城災害エフエム運営事務局に訪問して、当事者から直接、話を伺う企画として実施したものでした。

また、シンポジウムには、現地視察時にお世話になった株式会社熊本シティエフエムの長生修氏を基調講演に迎え、コミュニティラジオ10局の参加メンバーの中から、司会、パネリスト、コーディネーターとしてそれぞれ登壇いただき、被災地訪問時に知り得た情報やコミュニティラジオの現状や役割、これからについて議論を行い、コミュニティラジオの意義を広く社会と共有する場としました。

それぞれのコミュニティラジオ局の組織形態も株式会社から非営利団体などさまざまで、組織の運営目的も各社各団体により多種多様です。しかし、共通するところは、民間の立場で地域に親しまれる基幹メディアであり、「災害時の情報発信媒体」として極めて有効かつ重要な役割を担っているということ、そのためには平時のつながりが大切であるとの認識と連帯感の形成につなげる機会として盛大に開催することができました。

基調講演

「2016熊本地震におけるラジオの役割」

長生　修氏（株式会社熊本シティエフエム　営業部部長）

毎年のように台風の通り道となる熊本では、雨風の災害に際し、現状の体制で良いのかを検討し、対策として、備えのレベルを上げることや、社内防災体制の見直しを行ってきました。しかし、対策を講じていても、地震のように予想外の事態は起こり得ます。電気が止まり、機材が壊れて使えなくなっても、放送はしなくてはなりません。なぜなら、さまざまな情報を求めている人たちがいるからです。

この状況の中で私たちが思いもよらず得られたものは、リスナーからの情報でした。こちらから生放送で「今、開いているガソリンスタンドを教えてください」という呼びかけに、メール、FAX、電話で「○○のガソリンスタンドは営業してますよ」「さっき、××で満タンにしてきました」などの情報が寄せられ、それを放送することで情報の中継点となりました。また、毎週金曜日「校区のチカラ」という地域密着番組があり、番組は、熊本市内すべての小学校の校歌をライブラリーとしていました。臨時災害放送局時に、校歌のリクエストを受け付けたところ、多くのリクエストが寄せられました。そして、その感想として「避難所の小学校で、みんなで合唱した」「小学校の頃の風景を思い出し、元気をもらった」という声が寄せられました。放送が、こちらからの一方通行ではなく、電波を通してリスナーとつながりがもて、開局20

年にあらためて、「ラジオは双方向のメディアである」ということ実感できました。そして、私たちはリスナーが必要とする生活情報と癒しを放送し続けました。

大きなメディアは、地震の被害、被災状況を報道します。それは大事なことだと思います。しかし、私たち（コミュニティ放送）の役割は、リスナーが生活するための情報を提供していくことで、それも大切なことだと考えます。

パネルディスカッション

パネリスト
宇和　千夏氏（ＮＰＯ法人エフエム和歌山　アナウンサー）

エフエム和歌山は、早くから南海トラフの大地震に備えて、広域をカバーするサテライト局の拡充などの取組みを実践しています。また、災害発生時に放送できる人員確保の課題において人工知能（ＡＩ）アナウンサー（ナナコ）を開発しています。スタジオにいなくても遠隔操作で発信が可能であり、多言語対応もでき、在住外国人にとっても有益な放送になっています。

パネリスト
森田 純史氏（株式会社エフエム滋賀　アナウンサー）

エフエム滋賀は、県域放送局です。地域に根差したコミュニティFM局が参加しているこの事業に、県域局であるわれわれが参加していることに少し疑問をもっていました。しかし、熊本を訪れ、現場の声を聴いていく中で、放送領域はコミュニティであろうと県域であろうと関係なく、リスナーとのつながりがいかに重要であるかを認識しました。滋賀県ではすでに広域局・県域局・コミュニティFMが共同企画番組として「防災ラジオ滋賀」を実施していて、情報共有の連携を進めています。この連携が大規模災害時に確かな情報をリスナーに伝えることにつながるでしょう。

パネリスト
太田 航平氏（京都ラジオカフェ株式会社　代表取締役）

災害時には、さまざまな人や団体のつながりが、被災者の支援に役立つことが今回も確認されました。しかし、そうしたつながりは、災害時にできるものではなく、日常的な活動の中で培われるものです。京都ラジオカフェでは、コミュニティFM局は、そうした日常の関係性を築く、「まちづくりのプラットフォーム」であるべきだと考えてきました。

当局の番組構成は自局での構成ではなく、いくつかの放送枠を視聴者・関係者が購入し、それぞれの伝えたい思いを電波に乗せて地域に届けるという番組づくりをし、地域の市民と共につくっていく放送局であることをミッションとしています。リスナーが局の運営に直接関わる体制づくりも、コミュニティＦＭならではの活動方法だと思っています。

会場から
金千秋氏（ＮＰＯ法人エフエムわいわい　代表理事）

エフエムわいわいは、多文化共生のまちづくりを草の根レベルで取り組んできました。しかし、２０１６年に地上波放送の免許を返納し、インターネット放送局に移管しました。その理由は、電波法や放送法で課される重すぎる責任や、コミュニティ放送局が基幹放送局に位置づけられるとインフラ整備に多額の資金が必要となって、金銭的・精神的負担が増加するばかりだからです。草の根の活動本来の自由闊達な活動を進めていくため、組織運営面を含めて検討した結果でした。

コーディネーター
深尾昌峰氏（ＮＰＯ法人京都コミュニティ放送　理事長）

災害時のラジオの役割として、災害時に限らず、平時からより有益な情報発信を持続可能とするために

は、地域を超え、業種を超えて多様なアライアンス体制が必要です。コミュニティラジオが防災ラジオの代替としての位置づけだけに捕らわれず、地域の中での宝として、さまざまな関係機関と共に支えながら活動を継続していけるような地域社会をこれから創っていくことが必要でしょう。

京都における市民セクターの20年とこれから

中村　正

市民の力の歴史に根ざして

京都は古都です。歴史のある街です。時代の先端をいくものを取り入れ、歴史を「伝統」として維持し、定着させてきました。ＮＰＯもそうです。ＮＰＯという言葉がなかった時代から、寺院、学校、伝統文化、芸能、街づくりなど、多面にわたり市民のエネルギーが常に発揮されてきました。

舞妓さんや芸妓さんが行きかう祇園や上七軒の街なみ、真夏の京都のシンボル「五山の送り火」を支える保存会、うなぎの寝床といわれる西陣の町家の維持と再生・保存、高瀬川沿いの灯りと木屋町・先斗町の安全と快適さの創出、哲学の道に連なる法然院が演出する市民版「入会地」等、こうした「京都らしさ」を維持する背後には、ＮＰＯや市民・住民のエネルギーが存在しています。

他にも、明治時代、町衆によって創られた学校が「番組小学校」でした。自治と自律の精神の涵養（かんよう）を目指して教育を重視したのです。高齢者の介護をはじめとした諸問題への取組み（たとえば「認知症の人と家族の会」の活動が活発です。１９８０年「呆け老人をかかえる家族の会」が京都で結成されましたが、その活動は国際社会からも注目されています）、障がい者の自立生活運動、在日コリアンや部落問題の社会的差別をなくす取組みなど、当事者組織活動も含めて先駆的な活動はたくさんあります。

そして大学の街としての京都は日本中から若者の関心をひきよせています。地球温暖化対策における「京都議定書」は世界に貢献しましたが京都の環境問題を考えるNGOの活躍が背景にあります。京都市には景観を守るための厳しいともいえる条例があるのですがそれを可能にしているのは地域のみなさんの合意です。

すでに活発であったことを下地にした活動

こうした市民の力が根付いていたところに、1995年、阪神・淡路大震災がおこりました。京都の学生や市民はボランティアとして各地に駆けつけました。その後の復興過程にも関わりながら関心を持続させてきました。東日本大震災をはじめとして各地で大地震、台風、豪雨の被害が続き、その都度、ボランティア活動を支える組織活動が強化されてきました。NPO法へと結実した思いは、ボランタリーな精神と行動を活かす新しい制度、考え方、つながり方、資金の調達を社会に要請しました。

とはいえ、組織としてのNPOはまだまだ生成途上でした。俳優（アクター＝NPO）がいないのに舞台（＝中間支援）だけをつくることには躊躇がありました。だから組織的な活動を展開する事業を興しつつ支援をしようと位置づけたのです。まずは俳優を増やすこととしたのです。

きょうとNPOセンターは、その設立準備に長い時間を費やしてきました。1995年の直後からでした。京都の多くの活動団体の人たちと対話を重ね勉強会や交流会を開催してきました。そしてようやく京都における初めての中間支援組織として1999年10月、NPO法人の認証を得て活動を開始しました。それ以来、「市民が支える市民社会の実現」を目指して、数多くの挑戦と新たな社会機能、組織、人材の輩出を行ってきました。確かにNPO法で認証される団体の活動という点では生成期でしたが、それはあくまでも法制度による狭義のNPO組織のことです。記してきたような町衆にまで遡ることのできる京都の市民の活動は長い歴史をもっています。広義の市民活動といえるでしょう。そこに依拠して新しい制度としてのNPOの仕組みを活用する、新しい事業を興しながら中間支援を展開することにしたのです。

事業を創造しつつ支援をするNPOとして―ゼロ年代にかけての充実

事業創造型組織という意味では、2001年には、京都発・全国初のコミュニティFM局（「きょうと三条ラジオカフェ」）を開局し（運営はNPO法人京都コミュニティ放送）、市民力発信のためのメディア構築に力を注ぎました。

さらにゼロ年代にかけて中間支援の意味がクリアになっていきます。2003年には、京都市から「京都市市民活動総合センター」の運営委託を受け、京都初の市民活動支援専門組織の運営を担い現在に引き継いでいます。この「京都発・全国初」の事業創造のための中間支援組織として、コミュニティ財団（「公益財団法人京都地域創造基金」、2010年）、非営利組織の評価認証専門機関（「一般財団法人社会的認証開発推進機構」、2011年）を生み出してきました。これをKYOTO INITIATIVEと位置づけました。

また、2014年には、きょうとNPOセンターの一領域であった部門が有限責任事業組合「まちとしごと総合研究所」として独立し、京都というフィールドを越えて、多様な社会的価値創出の可能性に向けて動き出しました。こうして事業創造を媒介する中間支援組織としてのきょうとNPOセンターは、インキュベーター機能を発揮することになりました。それぞれの専門性・特性の価値を一つの大きなホールディングス的価値として社会と共有できるように、NPO制度の枠を超えていくことを目指しています。制度の主旨や精神を活かしてPLUS SOCIALと位置づけ、「ほっとけないをほっとかない」と理念をつくりあげてきました。

現在、中間支援組織としての原点に回帰しながら、新たな展開を模索しています。災害時における多様なステークホルダーを巻き込んだ支援環境の構築や平時ネットワークのゲートキーパーの役割、「市民が支える市民社会の実現」に向けた政策提言を行っていくことも重要な機能であり、社会から期待されている姿の一つであると考えています。

こうした経過を背景にした新しい価値創造の旗手として具体的な実践について本書では「ソーシャル・デザイナーズ」と位置づけ、活動が紹介されています。社会的な価値の創造と転換を目指した具体像が記されています。しっかりと課題に向き合い、課題を提起し、解決に向けて挑戦している人々です。価値の創造や転換のために何ができるのか、どこに向かって何をしようとしているのかのミッションの構築が大切なことがわかります。これらの諸活動の全体は、問題発見、政策提言、権利擁護、社会技術とその実装などの多層からなります。広く社会に情報を発信し、共感をひろげ、資金を調達する一連の活動となります。

ゼロセクターとしての存在―市民社会と中間支援組織の役割のこれからに向けて

京都府認証のＮＰＯ団体数は、１９９９年43団体、２０００年１００団体、２０１２年１１５４団体、２０１８年１３７６団体へと広がっています。行政との協働も進んでいます。京都市市民活動総合センター、京都市内13のいきいき市民活動センターをはじめとして、亀岡市、城陽市、向日市、長岡京市へと府内でも自治体による中間支援の取組みが拡大しています。京都府でも府庁ＮＰＯパートナーシップセンターが設置され、丹後地域、中丹地域、山城地域で行政との協働を目指すパートナーシップセンターが活発となっています。

きょうとＮＰＯセンターは、これまでいわゆる多様なセクターにおける中間支援組織として、行政や企業を含め市民社会を構成する組織の中間的な立ち位置で、それぞれの役割を引き出してきました。媒体や触媒としての機能と役割、多領域の連携で新たな関係性を創出し、協働を促進する役割を担いたいと考えています。これらの諸点を重視し、とりわけＮＰＯに対しては、ヒト・モノ・カネを中心とした経営資源の仲介や、それらの資源が効果的に活用されるように情報の収集および発信を行ってきました。

また、大学のまち・京都という地域特性を反映し、高等教育機関や専門的な支援に取り組む団体との連携のもとで公共政策学の実践的研究に寄与してきました（政策系学部の連合による人材育成）。

さらに寄付の文化の醸成、基金制度の構築、組織活動の支援にも力を入れてきました。新たな寄付のプラットフォームの構築（地域創造基金という発想や概念の具体化）、組織や事業への自己評価と第三者評価の促進、府北部の舞鶴や京都市北区での新たなコミュニティFM放送局の開局支援とその後の番組づくりでのアライアンスの形成支援があげられます。ひとづくり、資金の調達、組織強化を中軸とする中間支援の取組みです。京都を範型にして全国的な広がりもみられます。

こうしてNPO法施行から20年を迎え、いまNPOは量的にも質的にも発展し、社会のなかに確実な地歩を築く一翼を京都の地で担ってきました。同時に、さらなる転換期を迎えてもいます。各種の公益法人制度改革が進んだからということもありますが、やはり社会の課題が深刻になっていることへのNPOセクターでの対応が求められていることです。たとえば子どもの貧困、人の移動の急速な進展による課題、少子高齢社会への対応等の緊急性の高い課題への応答が問われています。あらゆる組織に社会的責任が問われる事態だともいえるでしょう。法人制度も多様になり、単に非営利法人制度の一つとしてあるだけの状態を刷新していく段階でもあるといえます。

現在の日本において、行政セクターだけが公共の価値や意味を判断してサービスを提供する時代でないことは、「新しい公共」や「地方創生」など、複数の政権の政策からも明らかです。これまでの社会システムが根底から見直される必要があることは必定なのです。その見直しの過程では、国民国家の成立によって確かなものとなった近代社会において目指された自治や統治のあり方を、再度見直すことになるでしょう。

つまり、行政（第一セクター）に社会システムが付託される前のあり方に光をあてるということです。NPO分野を言わばよりよい未来を創造する母体や基幹となる要素と位置づけていくことです。あるいは第一の領域の成立以前の原初的なコミュニティを支える主体という意味で「ゼロセクター」の社会的機能を高める必要があります。これにより、企業（第二セクター）の活動によって生み出される収益への課税を通して社会に再配分される税のあり方の見直しも自ずと求められます。つまり、市民セクター（第三セクター）は、第一・第二セクター以外の「その他セクター」という意味合いではなく、市民自らの民意による自発性・民間性・非営利さらに公益性のある活動を行う、新しいコモンズ、いわば「ゼロセクター」とでもいえる生きる基盤でもあり、そこにこそ専門性を発揮すべきセクターとして、広く社会に理解され支えられながら発展していく必要があります。広さと深さの視点の統合でしょうか。

最後に、今後の課題として、いつまでも中心を意味するセンターと名乗っていてもよいのだろうか、行政との協働やパートナーシップはどのようにあるべきなのだろうか、社会問題の解決に向けた公共政策形成への力量をどのようにつけていくべきなのだろうかという課題意識もあります。ひき続き実践しながら理論化していきたいと考えています。

（参考）きょうとNPOセンター20年の活動経過

第一次中期経営計画

1998年～2004年までのきょうとNPOセンターのテーマは「ネットワーキングの新世紀へ」でした。市民セクターの自立的発展を目途とした多様な事業を展開しました。NPO、行政、大学、企業などの機関をつなぐ幅広いネットワーキングの「橋渡し役」です。京都におけるローカルサポートセンター、コミュニティシンクタンクとして、一人ひとりの自立性・自発性が発揮される「市民社会」の実現を目指してきました。

第二次中期経営計画

2005年～2010年までのテーマは「連帯新時代～市民世紀のソーシャルインクルージョン」でした。「NPOを支援すること」が目的ではなく、NPO支援は市民社会構築のための一つの重要な柱だと認識を深めてきました。

第三次中期経営計画

2011年～2015年までのテーマは「京都イニシアティブ―統治から協治へのソーシャル・イノベーション」でした。「協同性」が軸となる、活かし合う社会を目指しました。京都の「民力・民度」の向上と基盤強化に貢献します。特に組織としての情報開示（ディスクロージャー）と説明責任（アカウンタビリティー）が推進され、資金調達（ファンドレイジング）の強化に寄与することに取り組んできました。

第四次中期経営計画

２０１６年～２０２０年までのテーマは「戦略 PLUS SOCIAL ほっとけないをほっとかないソーシャルディレクション」です。PLUS SOCIAL 戦略会議（KYOTO INITIATIVE・京都イニシアチブ）の推進と多様なステークホルダーによるマルチパートナーシップ形成を目指しています。市民社会基盤の再確認と相互関係の再構築をおこないます。中間支援機能のハイブリッド化といえるでしょう。

参考資料

『市民活動白書 標(しるべ)——これまでの市民活動を振返り、これからを展望する』京都市市民活動総合センター（２０１５年３月）

『ＮＰＯ・市民活動ハンドブック』京都市（２００４年、２００７年発行）、きょうとＮＰＯセンター企画・編集

『ｈｏｔ ｐｏｔ』ＶＯＬ.57、２０１４年春号 しみセン10年の歩み（京都市市民活動総合センター設立10周年ｈｏｔ ｐｏｔ特別記念号）、きょうとＮＰＯセンター編集責任

ほっけない
を
ほっとかない

題字：西村大輔

【付録】　きょうとNPOセンター20年の活動の軌跡

１９９８年　任意団体として設立（7月19日）
１９９９年　特定非営利活動法人の認証取得（10月14日）
２０００年　『京都発ＮＰＯ最前線』（京都新聞社）を発刊
２００１年　研究報告書「市民活動情報システム整備検討調査」発行
２００２年　京都府「新世紀かがやき交流賞」受賞
２００３年　きょうとＮＰＯフォーラム２００３の開催
　　　　　　京都市市民活動総合センター　運営開始
　　　　　　ＮＰＯ運営アドバイザー派遣事業（～２００４年）
　　　　　　京都三条ラジオカフェ『Ｋｙｏｔｏ Ｈａｐｐｙ ＮＰＯ』（番組）放送開始
　　　　　　大学院との協定開始
２００４年　福祉サービス第三者評価事業開始（～２００６年）
　　　　　　福祉サービス第三者評価フォーラム開催
　　　　　　宮津市・大江町災害ボランティアセンターを運営（台風23号の被害に伴い）
　　　　　　「日本ボランティアコーディネーター研究集会京都大会」事務局

大学院との連携講座の開催

ＮＰＯ・自治体協働研修事業（宇治市、熊本市ほか）

2005年

きょうとＮＰＯフォーラム2005開催

京都市とのパートナーシップによる市民活動総合センターの管理運営に関する協同宣言を締結　**※全国初**

「きょうと市民活動応援提携融資制度」を開始（近畿労働金庫、京都労働者福祉協議会、きょうとＮＰＯセンターの三者協働による）

社会的ひきこもりの就労支援事業開始

ＫＥＳ・環境マネジメントシステム・スタンダードステップ1認証登録
　※ＮＰＯ法人として全国初

非営利組織事業評価研究を実施

2006年

京都市市民活動総合センター指定管理者として運営開始

シンポジウム「お金の流れが社会を変える」開催

京都市災害ボランティアセンター設立（京都市、京都市社会福祉協議会、きょうとＮＰＯセンター）**※常設センターとしては政令市で全国初**

ＤＶＤ「参加と協働の時代を拓く新たな人材研修」発行

2007年

立命館大学との学術協定締結

京都府との人事交流（〜2010年度）**※自治体とNPOとの交流としては全国初**

城陽市市民活動支援センター運営開始（〜2011年度）

浄土宗宗祖法然上人800年大遠忌記念事業「共生（ともいき）・地域文化大賞」運営事務局（〜2011年度）

事業型NPO等の活動拠点整備事業

「きょうと市民活動応援提携融資制度」が「第4回企業フィランソロピー大賞」および

「第4回朝日企業市民賞」を受賞

2008年

きょうとNPOセンター10周年

京都地域創造基金設立キックオフフォーラム

「社会を変えるために、今、必要なものとは」開催

きょうとNPOセンターロゴマークの制定

市民メディア全国交流集会の開催

2009年

公益財団法人京都地域創造基金の創設

公益活動ポータルサイト「きょうえん」の運営開始

CSRサポートデスクの開設

亀岡市市民活動センター運営支援（〜2010年度）

２０１０年　地域子育て支援サイト「ぐるみぃ」の開設と運営
※２０１５年度組織改編に伴い、有限責任事業組合まちとしごと総合研究所に移管
一般財団法人社会的認証開発推進機構を創設
京都市市民活動総合センター指定管理（第２期）運営開始
京都市いきいき市民活動センター（伏見／東山）の運営開始
龍谷大学政策学部と公共施設の運営に関する相互協定を締結
研究紀要『地域創造研究』の創刊
２０１１年　東日本大震災の被災地支援のため「京都災害ボランティア支援センター」の設置（京都府社会福祉協議会、京都市社会福祉協議会、京都市との協働）
東日本大震災への多様な復興支援（支援者のための支援）
第４期京都市未来まちづくり１００人委員会の運営（〜２０１３年度）
２０１２年　「京都あんしんメール」システムの運用開始
※２０１５年度組織改編に伴い、有限責任事業組合まちとしごと総合研究所に移管
中小企業とＮＰＯの連携促進事業
中山間・過疎地域への支援コーディネート事業
亀岡市夢ビジョン推進事業へのファシリテーター派遣（〜２０１５年度）

２０１３年　きょうとＮＰＯセンター15周年

和歌山県印南町美里における地域貢献型ソーラー発電所「みさとソーラーパーク」事業に参画

２０１４年　第５期京都市未来まちづくり１００人委員会の運営（〜２０１５年度）

祇園祭ごみゼロ大作戦の運営開始（複数ＮＰＯ、事業者、京都市との協働）

福祉サービス第三者評価事業連携参画開始（（一財）社会的認証開発推進機構と連携）

監事力向上セミナー開催（（一財）社会的認証開発推進機構との共催）

２０１５年　京都市市民活動総合センター指定管理（第３期）運営開始

京都府災害復興支援ＮＰＯリレーションズ設立事業の運営

公益ポータルサイト「きょうえん」リニューアル運用開始

２０１６年　京都市「まちづくり・お宝バンク市民サポーター派遣事業」の受託（継続中）

災害時連携ＮＰＯ等ネットワーク創設

「助成財団シンポジウム·in京滋奈」の開催　※滋賀、奈良の中間支援団体との共催

京都新聞紙面にて「市民活動のススメ」連載開始（２０１８年3月まで）

２０１７年　京都市左京区「まちづくり支援交付金制度の内容点検および改正業務」の受託

「ＮＰＯ／ＮＧＯの組織基盤強化のためのワークショップin京都」の開催

※ＮＰＯ法人日本ＮＰＯセンター、（株）Ｐａｎａｓｏｎｉｃとの共催

トヨタ財団「しらべる助成」採択。「福祉現場で企業人が活躍—副業規制緩和による新たな就労機会」調査研究事業を実施（～2018年度）
シンポジウム「超高齢社会・社会福祉制度基盤を担う人材は誰か」を開催
シンポジウム「災害時におけるコミュニティラジオの役割」を開催
※近畿ろうきんNPOパートナーシップ制度により

2018年
きょうとNPOセンター20周年
京都市左京区「まちづくり活動支援交付金制度運営支援業務」の受託
『京都発NPO最善戦—共生と包摂の社会へ—』（京都新聞出版センター）を発刊

以上

特定非営利活動法人きょうとNPOセンター　執筆者一覧（肩書は2018年6月30日現在）

理事長
中村　正
立命館大学教授

副理事長
梶田　真章
法然院貫主

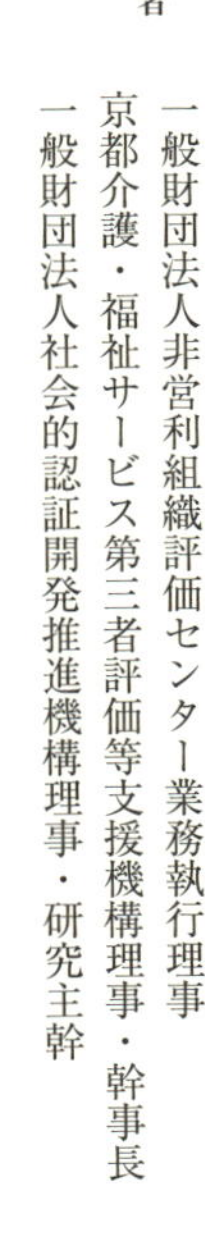

常務理事・統括責任者
平尾　剛之
一般財団法人非営利組織評価センター業務執行理事
京都介護・福祉サービス第三者評価等支援機構理事・幹事長
一般財団法人社会的認証開発推進機構理事・研究主幹

理事
赤澤　清孝
大谷大学准教授
特定非営利活動法人ユースビジョン代表

理事
北村　恵美子
一般社団法人学びラボ代表理事
有限会社グローバル教育研究所取締役
日本アレクサンダーテクニーク協会会員

理事
滋野　浩毅
京都産業大学現代社会学部教授・ボランティアセンター長
特定非営利活動法人音の風理事

監事
富野　暉一郎
福知山公立大学副学長

監事
山口　洋典
立命館大学准教授

副統括責任者
内田　香奈
一般社団法人祇園祭ごみゼロ大作戦理事

フェロー
杉岡　秀紀
福知山公立大学地域経営学部准教授、北近畿地域連携センター長
一般財団法人地域公共人材開発機構理事

フェロー
深尾 昌峰

株式会社PLUS SOCIAL代表取締役
龍谷大学政策学部教授
一般社団法人全国コミュニティ財団協会会長

特別寄稿協力

太田 航平

京都ラジオカフェ株式会社 代表取締役
特定非営利活動法人地域環境デザイン研究所ecotone代表理事
一般社団法人祇園祭ごみゼロ大作戦理事長

河合 将生

NPO組織基盤強化コンサルタントoffice musubime代表
特定非営利活動法人日本ファンドレイジング協会 関西チャプター共同代表
一般財団法人社会的認証開発推進機構専務理事・事務局長

白石 克孝

龍谷大学政策学部教授
PS洲本株式会社代表取締役
特定非営利活動法人深草・龍谷町家コミュニティ代表理事

田浦 健朗

特定非営利活動法人気候ネットワーク理事・事務局長

中須 雅治

近畿労働金庫地域共生推進室上席専任役

新川 達郎

同志社大学教授
京のアジェンダ21フォーラム代表
一般財団法人地域公共人材開発機構理事長

西 央成

浄土宗 宗務庁 総長公室係長
一般財団法人社会的認証開発推進機構研究員
西光寺（三重県玉城町）副住職

東 信史

有限責任事業組合まちとしごと総合研究所代表

牧　紀男

災害時連携NPO等ネットワーク会長
京都大学教授

村井　琢哉

特定非営利活動法人山科醍醐こどものひろば理事長
公益財団法人あすのば副代表理事

森野　茂

アルファトラベル株式会社代表取締役
京都府旅行業協同組合専務理事
一般財団法人社会的認証開発推進機構理事

吉田　忠彦

一般財団法人社会的認証開発推進機構理事長
近畿大学教授
一般財団法人非営利組織評価センター理事

表紙デザイン　ツチサカヨシヤ

「京都発NPO最善戦―共生と包摂の社会へ―」

発行日　2018年6月30日　初版発行　©
編　著　平尾 剛之　内田 香奈
発行者　前畑 知之
発行所　京都新聞出版センター
〒604-8578　京都市中京区烏丸通夷川上ル
TEL 075-241-6192　FAX 075-222-1956
http://www.kyoto-pd.co.jp/book/
印刷・製本　株式会社 京都新聞印刷

ISBN978-4-7638-0705-2　C0030
Printed in Japan